KB232916

문형으로 익히는
일본어 고급문장 독해

저자 이용미

제이앤씨
Publishing Corporation

머리말

　본 교재는 일본어 고급문장의 독해 실력을 다지고 다양한 문형을 익히기 위한 목적으로 만들어졌다.

　수많은 일본어 독해 교재가 있지만 주로 초급 위주의 문법 구성과 무미건조한 내용이 대부분이어서 중급 실력 이상의 학습자를 위한 일본어 독해 교재가 필요하다고 느꼈다.

　본 교재 구성의 특징은 다음과 같다.

첫째, 정제된 고급 문법 및 문형을 통한 표현 이해

　수필, 논설, 소설 등 다양한 장르의 정제된 글을 접함으로써 단순히 해석 위주의 독해 수준을 너머 일본어 특유의 문장 표현 및 감성을 이해하는데 도움이 되도록 하였다.

둘째, 충실한 문형 설명

　본문의 중요한 문형 설명에 있어서는 다양한 예문과 유사 문형 보충에 충실하고자 히였디. 즉, 비슷한 의미를 지니는 유사 문형의 표현 간 뉘앙스의 차이를 자세히 설명함으로써 일본어 능력시험 및 JTP, 일본어유학시험(EJU) 등, 각종 자격증 시험의 중상급 레벨 독해에 대비할 수 있도록 구성하였다.

셋째, 본문 난이도의 단계별 구성

　본문은 3과를 하나의 단위로 하여 난이도 단계를 조정하였다. 즉 본문의 길이 및 내용에 따라 '1과(위밍업 단계)→2과(집중 단계)→3과(심화 단계)'로 배열하여 학습자의 수준에 따른 본문 선택 학습이 가능하도록 배열하였다.

목 차

머리말 / 03

1. 勉強の心構え(1)

なかたにあきひろ
中谷彰宏

1

　大学時代に学ばなければならないことは、勉強の仕方です。もっと言えば、厳しい勉強への覚悟です。勉強は一生しなければなりません。学校を卒業すれば、勉強をしなくてもいい。そんな甘い話はありません。勉強は一生続くのです。社会に出たら、君はきっとこう思うでしょう。**なんと**学生時代の勉強ののんびりしていたこと**か**、と。勉強は学生時代より、社会に出てからのほうが厳しいです。

　勉強の仕方が身についていれば、どんなに新しいことを勉強しなければならなくなっても対応できる**はず**です。勉強しなければならない内容は、卒業してからもどんどん増えていくし、変わっていきます。新しいこともどんどん勉強しなければならないのです。そうした時に勉強する姿勢が身についていなければ、勉強できません。学生時代に勉強の覚悟が身についていない人は、社会に出てから勉強できません。勉強できないということは、どんどん取り残されていくということなのです。

　勉強には2種類あります。抗生物質型勉強と漢方薬型勉強です。すぐ役に立つのが、抗生物質型勉強。役に立つまで時間のかかるのが、漢方薬のような勉強です。趣味としてするなら、抗生物質型の勉強がいいでしょう。でも、もしそのことを君の生涯の仕事と考えるなら、漢方薬型の勉強をするべきです。勉強も、一見回り道に思えるようなものが、いちばん近道です。

2

　あなたは自分を天才だと思いますか。天才だと**言いきれません**。同じように天才でないとも言いきれません。もし天才なのに気がつかないだけだとしたら、こんなにもったいないことはありません。努力で天才にはなれません。でも気づくことはできるのです。どんな天才も量のすくないものはだめです。一点しかない天才の名作というのは存在しないのです。たとえば、ピカソの絵が1枚しかなかったら、ピカソであったとしても売れません。画商は絶対つかない。10枚だったら? まだまだ。100枚だったら? まだまだ足りません。たとえピカソであっても、です。

　量と質を兼ね備えたのが天才です。ですから質だけの天才は存在しません。君はまだ無名の天才です。今のうちに量をためることです。とにかく売れて**ないうちに**、どれだけ量をためるかです。ピカソは8万点の絵があるわけです。8万点というと、猛烈な量です。90年以上生きましたから、10歳から描いたとして、80年間で8万点ということは、1年で1000枚です。1年1000枚ということは、1日3枚です。80年間ずっとです。時間のかかる油絵も描いています。彫像も作っています。天才で**すら**これだけの量をやっている。量ができるのが天才なのです。

　もっと効率のいい勉強の仕方は、とにかく量をこなすことです。どうしたら無駄のない勉強の仕方があるかと考えてしまうのですが、これが一番効率が悪いのです。まず量です。量がどんどん積み重なって、ある時初めて質に転換するのです。一つ一つのものは、非常にささいなものです。ささいな値打ちのないものだけれども、こだわらないで続ける。そうすると、オセロで白が黒に変わるようにパラパラと全部が変わっていく瞬間があります。

　　　　　　　　―『大学時代しなければならない50のこと』の中―

仕方: 方法、手段。 수단, 방법.

厳しい: 엄하다, 험하다, 냉엄하다, 호되다.

覚悟: 각오.

甘い: (맛이)달다, 달콤하다, 만만하다, 느슨하다.

のんびり: (한가롭고 평온한 모양)유유히, 태평스레, 한가로이.

身につく: ①知識、学問、技術などが自分のものになる。 몸에 배다, 제것이 되다. ②衣服が体に合っている。

対応: 대응.

増える(하1자): 数が多くなる。 늘다, 증가하다, 불어나다.

姿勢: 자세.

取り残す(5자): ①남겨두다.

②수동형 '取り残される'의 꼴로, (혼자) 남겨지다, 뒤떨어지다, 뒤처지다.

抗生物質: 항생물질.

漢方薬: 한방약.

役に立つ: 쓸모가 있다, 도움이 되다.

趣味: 취미.

生涯: 생애.

一見: (부사적으로)ちょっと見たところ。 언뜻보기에(는), 한번 본 느낌으로는.

回り道: 길을 돌아서 감, 우회로.

近道: 지름길.

天才: 천재.

言いきる(5타): 断言する、言い終える。 잘라 말하다, 단언하다.

気がつく: ①(눈에 띄거나 하여) 생각이 미치다. ②의식을 회복하다, 정신이 늘다.

もったいない: 아깝다, 죄스럽다, 황송하다.

努力: 노력.

名作: 명작.

例えば: 예를 들면

画商: 화상.

絶対: 절대

足りる(상1자): 충분하다, 족하다.

量: 양.

質: 질.

兼ね備える(하1타): 겸비하다, 함께 갖추다.

無名: 무명.

ためる: 한곳에 모아 두다, 모으다, 쌓다.

とにかく: 여하튼, 아무튼, 어찌되었든.

猛烈: 맹렬.

油絵: 유화.

彫像: 조각상.

効率: 효율.

無駄: 役に立たないこと、益のないこと。 보람이 없음, 쓸데없음, 헛됨, 낭비.

積み重なる(5자): 겹겹이 쌓이다, 겹쳐 쌓이다.

転換: 전환.

非常に: 平凡でないさま。매우, 대단히, 상당히.

ささいな: わずかな。사소한, 아주 작은.

値打ち: 値段、評価、品格。값, 값어치.

こだわる(5자): 구애되다, (사소한 것에)신경 쓰다.

パラパラと: (책장 등을 빠르게 넘기는 모양)훌훌, 많은 것이 (가벼운 소리를 내며) 흩어져 나오는 모양.

全部: 전부.

瞬間: 순간.

1. なんと~(だろう・でしょう)か: 얼마나 ~인(것인)가.
놀라움, 한탄, 자조, 감탄 등의 기분을 나타내고자 할 때 쓰이는 표현.
회화체에서는 「なんて~んだろう」의 형태로 쓰이기도 한다.

❶ なんと美しい人だろうか。
얼마나 아름다운 사람인가!

❷ 彼女の気持ちを理解できない私は、なんとバカなのか。
그녀의 기분을 이해하지 못한 나는 얼마나 바보인가!

❸ このステーキはなんてやわらかいんだろう。
이 스테이크는 어쩜 이렇게 부드러울까!

2. はず: 말하는 사람이 나름대로의 근거를 바탕으로 당연하다는 생각을
나타내고자 할 때 쓰이는 형식명사이다.
보통 판단이나 납득, 예정 등의 의미를 강조할 때에 쓰인다.

1) 판단

❶ あれから4年経ったのだから、今年はあの子も卒業したはずだ。
그때 이후로 4년이 지났으니까 올해는 그 아이도 졸업했을 거야.

❷ 今はにぎやかなこの町も、昔は静かだったはずです。
지금은 번화한 이 거리도 옛날에는 조용했을 겁니다.

2) 납득

❶ (作品を見ながら) 彼が自慢するはずだ。ほんとうにすばらしい作品なんだ。

(작품을 보면서) 그가 자랑할 만하네. 정말 멋진 작품이야.

❷ この部屋寒いね。(窓が開けているのを見つけて) 寒いはずだ。窓が開いているよ。

이 방, 춥네. (창문이 열려있는 걸 발견하고) 추울 만도 하네. 문이 열려 있잖아.

3) 예정

❶ バスの出発時間は11時のはずです。

버스 출발 시간은 11시일 겁니다.

❷ 1時に来るはずなのに、友だちはまだ来ない。

1시에 올 건데(예정인데), 친구는 아직 안 오네.

はずがない: 가능성의 부정으로 '~(할)리가 없다'의 의미.

あんなに真面目な人がそのようなうそをつくはずがない。
그렇게 성실한 사람이 그 같은 거짓말을 할 리가 없다.

동사 과거형 た＋はず: 당연하다고 생각한 일이 현실과 다른 경우에 후회나 납득가지 않는 심정을 나타낸다. '한 것 같은데…….'라는 의미를 나타낸다.

ちゃんとかばんの中に入れたはずなのに、家に帰ってみると、財布がない。
확실히 가방 안에 넣었던 것 같은데 집에 돌아와 보니 지갑이 없어.

3. べき: 사회 통념상 '~하는 것이 당연하다' '~하는 것이 옳다' '~해야만 한다'라는 뜻을 나타낸다. 말하는 사람의 판단을 전제로 듣는 사람에게 충고, 권유, 금지, 명령 등의 의미를 전달할 때 사용된다.

❶ 学生は勉強す(る)べきだ。
학생은 (모름지기) 공부해야만 한다.

❷ 女性はいつも化粧をして美しくあるべきだなどという考えには賛成できない。
여성은 항상 화장을 하고 예쁘게 있어야만 한다는 생각에는 동의할 수 없다.

❸ エジプトのピラミッドは永遠に残すべき人類の遺産である。
이집트의 피라미드는 영원히 남겨야만 할 인류의 유산이다.

❹ あの時、彼女に「愛している」と言うべきだった。
그때, 그녀에게 "사랑한다"고 말했어야했다.

❺ この仕事は君がやるべきではない。
이 일은 자네가 할 일이 아니야.(해서는 안 돼)

❻ あんなひどいことは言うべきではなかった。
그런 심한 말은 하는 게 아니었어.

べし: 문어체적인 표현으로 현대어에서는 명령조의 관용구로 사용된다.

① 放課後、全員残るべし。
방과 후, 전원 남을 것.

② 図書館では静かにすべし。
도서관에서는 조용히 할 것.

「する」動사는 「すべき」, 「するべき」 두 표현 모두 가능하다.

4. 동사 ます형+きる: 완전히 ~하다.
동작이나 행위의 완료, 완수 등의 의미를 나타낸다.

❶ お金を使いきってしまった。
돈을 몽땅 다 써버렸다.

❷ 山道を登りきったところに、小屋があった。
산길을 다 올라간 곳에 오두막이 있었다.

❸ 無理な仕事をして、彼は疲れきっています。
무리한 일을 해서 그는 완전히 녹초가 되었습니다.

❹ 彼女は絶対に自分が正しいと言い切った。
그녀는 절대로 자신이 옳다고 딱 잘라 말했다.

~きれない: '완전히 ~할 수 없다' 혹은 '충분히 ~할 수 없다'의 의미를 나타낸다.

① その人との別れは、あきらめきれないつらい思い出として、今でも私の胸の中にある。
그 사람과의 이별은 깨끗이 포기할 수 없는 괴로운 추억으로 아직도 내 마음 속에 있다.

② 息子に会えなければ、死んでも死にきれない。
아들을 만날 수 없다면 죽어도 눈을 감을 수 없다.

5. ～ないうちに: ～하기 전에

「～うちに」는 보통, '～하는 동안에 ～하다'의 의미로 사용된다.
따라서 「～ないうちに」는 '～하기 전에(＝する前に)'라는 의미를 갖는다.

❶ あの先生の授業は退屈で、聞いているうちに、いつも眠くなる。
　 그 선생님의 수업은 지루해서 듣고 있는 동안에 늘 졸음이 온다.

❷ あなたが寝ているうちに地震があったんですよ。
　 당신이 잠든 사이에 지진이 있었어요.

❸ 子供が帰らないうちに(＝帰る前に)掃除する。
　 아이가 돌아오기 전에 청소한다.

❹ 冷めないうちにどうぞ。
　 식기 전에 어서 드세요.

6. すら: ～마저, ～조차 (＝さえ)

하나의 예를 들어서 '이것마저 이러하니 그 밖의 것은 말할 것도 없다'라는
의미를 나타낸다. 주격에 붙을 때는 「ですら」로 쓰이는 경우가 많다.

❶ そんなことは子供ですら知っている。
　 그런 건 아이들마저 알고 있다.

❷ 昔、世話になった人の名前すら忘れてしまった。
　 옛날, 신세진 사람 이름조차 잊어버렸다.

❸ 仕事が忙しくて日曜日すら休めない。
　 일이 바빠서 일요일조차 쉴 수 없다.

> 「さえ」는 좋은 의미나 좋지 않은 의미 모두 쓰이나, 「すら」는 얕보거나 경시의 감정을 담고 있기에 좋지 않은 의미를 표현하는 데에 쓰인다.

① 小学生なのに、高校の数学問題さえ(すら△)できる。

초등학생인데도 고등학교 수학 문제마저 풀 수 있다.

② 高校生なのに、小学校の数学問題さえ(すら○)できない。

고등학생인데도 초등학교 수학 문제조차 풀지 못한다.

2. 心をつなぐ言葉

堀田力

1

心をつなぐ言葉は相手の立場に立った言葉であり、心を遠ざける言葉は自分の立場に立った言葉である。このことは、職場**においても**同じである。遠い昔、私が法務省刑事局で法案(罰則)審査をしていた時の話である。某省から持ち込まれた法案のある条文の意味がどう考えてもあいまいで、二様に解釈できる文言になっている。これでは罰則は付けられないというので押し問答[1)]をしているうち、午前2時になった。国会提出期限はその日の早朝が限度という状態の中で、相手の役人は「通してくれない**なら**死ぬ」という。私は「あなたを個人的に責めているのではない」と一生懸命なぐさめると、相手は大声で**泣き出した**。困っていると、やっとすすり泣きになった彼は、「悲しくて泣いているのではない。嬉しくて泣いているのだ」という。何のことか分からない。彼が鼻ズルズルで説明した**ところ**によれば、その昔、彼は大蔵省に予算をとりに行って断られ、その時も「死ぬ」と言ったらしい。

---

1) 押し問答: 互いに言い張って譲らないこと。입씨름, 실랑이.

そしたら大蔵省の担当官が「こんなところで死なれたら始末に困る。自分の役所に帰って、飛び降りてくれ」といったそうだ。「大蔵省の役人と違って、法務省の役人はなぐさめてくれた。その心が嬉しい」とさらに泣かれてしまった。言った方はその場限りで忘れてしまうのだろうが、言われた方の恨みは何十年も残る。心の傷は身体の傷と違って、治癒しない。

2

　職場の人間関係は出会った時のあいさつから始まる。「おはよう」の決まり文句でよい。言葉をかけないのは、「お前の相手はしない」と宣言しているのと同じ効果を持つ。冒頭の例のような人格否定は論外として、理屈抜きの押し付けも、人格無視である。「こんなことも知らんのか」という態度は、理性を越えて心(感情)を傷つける。

　私が大阪地検特捜部にいた時の上司は、鬼といわれた別所注太郎さんであったが、部下の報告を徹底的にメモされた。そして、次の報告の時は、前の時のメモを見ながら聞かれる。だからごまかしが利かない[2]。鬼というのは事件に対する厳正な態度のことで、部下は大切にされた。

　東京地検特捜部にいた時の某上司は、優秀な捜査官であったが、すべての部下の能力を疑っていた。それが言動に出るから、人間としては嫌われていた。部下を辞めさせたい時以外は「仕事をしてくれてありがとう」と

---

2) ごまかしが利かない: 속임수가 안통하다.

いう気持ちを言葉に表すよう、心掛けたい。

3

　仕事をしているのに、自分に責任が来ないか、自分の不利にならないかを最優先に考え、正直にもその気持ち(心配)を真っ先に口にする人がいる。「何を考えて仕事をしているんだ」と判断され、一挙に信頼を失う。上司でも部下でも同じである。

　他人の前で上司であることを誇示したがる人も少なくない。普段以上に偉そうな口のきき方3)になる。部下の心が離れていく。素直に「ありがとう」という。無理してでも、誉める。私は、そういう上司になりたい。

---

3) 口を利く：ものを言う、しゃべる。

つなぐ(5타): 비끄러매다, 매어두다, 묶어

두다.

遠ざける(하1타): 멀리하다, 물리치다.

職場: 직장.

法務省刑事局: 법무성 형사국.

罰則: 처벌의 규칙, 벌칙.

審査: 심사.

某: 모, 아무개.

持ち込む(5타): 갖고 들어오다, 반입하다.

法案: 법안.

条文: 조문.

二様: 두 가지, 두 종류.

解釈: 해석.

文言: 문언.

押し問答: 입씨름, 승강이.

国会: 국회.

提出: 제출.

期限: 기한.

早朝: 이른 아침.

限度: 한도.

状態: 상태.

相手: 상대.

役人: 公務員。관리, 공무원.

通す(5타): 통하게하다, 통과시키다, 받아

들이다.

責める(하1타): 공격하다, 치다.

なぐさめる(하1타): 위로하다, 위안하다,

달래다.

大声: 큰 소리.

泣き出す(5자): 울기 시작하다, 울음을 터

뜨리다.

困る(5자): 어려움을 겪다, 난처해지다,

곤혹스럽다.

すすり泣き: 흐느껴 욺, 흐느낌.

ずるずる: 훌쩍훌쩍.

大蔵省: 대장성, 재무성의 옛말.

予算: 예산.

断る(5타): ①거절하다, 사절하다. ②미리

알려서 양해를 구하다.

担当官: 담당관.

始末: 처리, 형편, 경위.

役所: 관청, 관공서.

飛び降りる(상1자): (높은 곳에서)뛰어 내

리다.

違う(5자): 다르다, 상이하다.

嬉しい: 기쁘다.

その場限り: その場だけで、あとに関係

のないこと。그때 뿐.

恨み: 원망, 원한.

傷: 상처.

身体: 신체.

治癒: 치유.

決まり文句: 상투적인 말, 판에 박힌 말.

宣言: 선언.

効果: 효과.

冒頭: 모두, 앞머리.

人格: 인격.

否定: 부정.

論外: 논외.

理屈: 이치, 논리, 사리.

押し付け: 내리누름, 강압, 밀어붙임.

無視: 무시.

越える(하1자): 넘다, 넘어가다, 초월하다.

傷付ける(하1타): 상처를 입히다, 다치게 하다.

地検特捜部: 지검 특수부.

鬼: 도깨비, 귀신.

報告: 보고.

徹底的に: 철저하게.

ごまかしがきく: 속임수가 통하다.

厳正: 엄정.

優秀: 우수.

捜査官: 수사관.

疑う(5타): 의심하다, 혐의를 두다.

言動: 언동.

嫌う(5타): 싫어하다, 미워하다.

辞める(하1타): 사직하다, 그만두다.

表す(5타): 나타내다, 드러내다.

心掛ける(하1타): 마음을 쓰다, 유의하다.

不利: 불리.

最優先: 최우선.

正直: 정직.

真っ先: 맨먼저, 제일 처음.

口にする: ① 口に入れる、食べる。먹다. ② 口に出して言う。말하다.

判断: 판단.

一挙に: 한꺼번에.

信頼: 신뢰.

誇示: 과시.

偉い: 優れている。훌륭하다, 장하다, (지위나 신분이)높다.

口を効く: ものを言う、しゃべる。말하다, 지껄이다.

離れる(하1자): 떨어지다, 멀어지다.

素直に: 순순히, 고분고분히, 온순히.

誉める(하1타): 칭찬하다.

1. ~において: ~에서, ~에 있어서, ~에 관하여 장소, 상황, 사고, 견해 등의 배경을 가리킨다.

❶ 会議は東京において三日間開かれた。

회의는 동경에서 3일간 열렸다.

❷ その時代において、女性が学問を志すのは珍しいことであった。

그 시대에 있어서 여성이 학문에 뜻을 두는 것은 드문 일이었다.

❸ 捜査の過程において様々なことが明らかになった。

수사과정에서 여러 가지 일들이 밝혀졌다.

❸ 大筋においてその意見は正しい。

큰 줄거리로 볼 때 그 의견은 옳다.

2. なら: ~라면(가정조건)

'(다른 경우라면 모르겠지만) X에 관한 거라면, 혹은 X의 경우라면 Y가 성립한다'는 의미를 갖는다.

❶ A: 佐藤さん見ませんでしたか。

사토씨 못 보았어요?

B: 佐藤さんなら、図書館にいましたよ。

사토씨라면 도서관에 있었는데요.

❷ 山ならやっぱり富士山だ。

산이라면 역시 후지산이지.

❸ 郵便局に行くのなら、この手紙を出してもらえませんか。

우체국에 갈 거라면 이 편지를 부쳐 줄 수 없어요?

❹ A: 風邪をひいてしまいまして。

　　감기에 걸려서요.

　　B: 風邪なら早く帰って休んだほうがいいよ。

　　감기라면 빨리 돌아가서 쉬는 게 좋아요.

「なら」는 당연한 현상이나 시간이 지나면 자연히 이루어지는 사항을 서술할 때는 쓰이지 않는다.

① 春が来るなら花が咲きます。(✕)

春が(来たら/ 来れば/ 来ると)花が咲きます。(○)

봄이 오면 꽃이 핍니다.

② 雨が降るなら道がぬかります。(✕)

雨が(降ったら/ 降れば/降ると)道がぬかります。

비가 오면 길이 섲습니다.

3. 동사ます형 + だす: ~하기 시작하다

보통 자연현상이나 감정 등을 나타내는 동사에 붙어서 현상의 발생, 혹은 개시를 의미한다.

❶ 急に雨が降りだした。

갑자기 비가 내리기 시작했다.

❷ あの人は何を言いだすかわからない。

그 사람은 무슨 말을 꺼낼지 모른다.

❸ この本はおもしろくて、読み出すとやめられない。

이 책은 재미있어서 읽기시작하면 멈출 수 없다.

「동사ます형+だす」와 비슷한 의미로는 「동사ます형 + はじめる」가 있다.

두 가지 모두 동작의 개시를 나타내지만 무의지성 동사 (예를 들어 「泣く、笑う、怒る、はにかむ、照れる、慌てる」등, 감정이나 생리를 나타내는 동사 및 「鳴る、とどろく、響く」등, 소리의 발생을 나타내는 동사)에는 「～だす」만 접속되며 「～はじめる」는 쓸 수 없다. 반대로 동일한 개시의 의미를 지닌다할지라도 「～だす」는 자연적, 돌발적인 성격이 강한 표현이기에 후술에 「～しなさい/～てください/～つもりだ」 등의 의지 표현을 받을 수 없으며 이 경우는 「～はじめる」가 쓰인다.

① 制限時間は一時間です。すぐ書きはじめてください。

제한 시간은 한 시간 입니다. 곧 쓰기 시작해 주세요.

② 市長が事故の経緯を話しはじめると、市民は「まず、責任の所在を明らかにしろ」と騒ぎだした。

시장이 사고 경위를 이야기하기 시작하자 시민은 '먼저 책임 소재를 분명히 하라'고 소란을 피우기 시작했다.

③ 洪水で川の水が溢れ出したとの情報を聞いて、周辺の住民は次々と避難しはじめた。

홍수로 강물이 넘치기 시작했다는 정보를 듣고 주변 주민은 차례로 피난하기 시작했다.

4. ところ: 장소, 부분, 시각, 범위 등을 의미한다.

1) 장소

❶ 先生のところでお世話になっております。

선생님 댁에서 신세를 지고 있습니다.

❷ ポストのところで待ちましょう。

우체통 있는 곳에서 기다립시다.

2) 부분, 점(point)

❶ あなたの悪いところはすぐ怒ることです。

당신의 안좋은 점은 금방 화를 낸다는 겁니다.

❷ 彼と私は見るところが違う。

그와 나는 보는 관점이 다르다.

3) 시각, 타이밍

❶ おい、君、ちょうどいいところに来た。いっしょにお茶を飲まないか。

여보게, 자네 마침 좋을 때 왔네. 함께 차라도 안마시겠나?

❷ 今のところ、患者の状態は心配ないようだ。

지금 현재로 환자 상태는 걱정없을 듯하다.

4) 범위

❶ 聞くところによると、あの二人は結婚するそうだ。

들은 바에 의하면 그 두사람은 결혼한다고 한다.

❷ 現地記者の話すところによれば、戦況はさらに悪化しているらしい。

현지 기자의 이야기에 의하면 전황은 더욱 악화하고 있는 듯 하다.

---

5. 명사 + 限り: ～만, ～에 한정하여

시간, 횟수, 공간을 의미하는 명사에 붙어서 한정을 나타낸다.
단, 공간의 경우는 「この場、その場、あの場」의 표현만이 쓰인다.

---

❶ 彼女は今年限りで定年退職することになっている。

그녀는 올해를 끝으로 정년퇴직하기로 되어 있다.

❷ 今の話はこの場限りで忘れてください。

지금 이야기는 이 자리를 끝으로 잊어 주세요.

❸ 勝負は一回限りだ。たとえ負けても文句は言うな。

승부는 단 한번뿐이다. 설령 지더라도 이의를 제기하지 마라.

---

6. 명사 + 抜き: ～을 빼고, 제외하고

---

❶ この企画は彼の協力抜きには考えられない。

이 기획은 그의 협력을 빼고는 생각할 수 없다.

❷ この後はえらい人抜きで、若手だけで飲みに行きましょう。

　이 시간 이후로는 높은 사람 빼고 젊은이들만 마시러 갑시다.

❸ 冗談は抜きにして、内容の討議に入りましょう。

　농담은 빼고 내용 토의에 들어갑시다.

3. ネパールのビール

吉田直哉

1

　4年も前のことですから、正確には「近頃」ではないのだが、私にとっては昨日の出来事よりずっと鮮烈な話なのである。昭和60年(1985)の夏、私は撮影のためにヒマラヤの麓、ネパールのドラカという村に10日あまり滞在していた。海抜1,500メートルの斜面に家々が散在して、張り付くように広がっている村で、電気、ガスといったいわゆる現代のライフ・ラインは一切来ていない。

　4,500の人口があるのに、自転車はもちろん、車輪のある装置で他の集落と往来できる道がないのだ。しかも二本の足で歩くしかない凸凹の山道を至るところで谷川のような急流が寸断している。そこにさしかかったら岩から岩へ、命がけで跳ばなければならないのだ。

　手押し車も使えないから、村人たちは体力の限界まで荷を背負ってその一本の道を歩む。だから、茂みが動いているのかと驚いてよく見ると、下で小さな足が動いていたりするのだ。燃料にするトウモロコシの葉の山を、幼い子どもが運んでいくのである。

2

　昔、日本にも村の共有地である入会山[1]で柴を刈る時は、馬車で持って帰ることなど、禁じられていた。自分の体で背負えるだけしか刈ってはいけない。自分が背負える分量だけ刈るのなら、お天道さまに許される、という思想があったのである。

　時代は違うが、車を転がせる道がないおかげで、ドラカ村の人々は結果的に環境保護にもかない、お天道さまにも許される生活をしている**わけだ**。しかし、昔のことは知らず、いま村人たちは自動車の通れる道路を含む一切のライフ・ラインに恵まれていない自分たちの生活が、世界の水準より下だと熟知している。だから、旅行者の目には桃源郷のように見える美しい風景のなかで、かなりつらい思いで暮しているのだ。とりわけ若者たち、子どもたちには村を出て電気や自動車のある町へ行きたいという願望が強い。それも無理ではないのであって、私たち**にしても**車が使えないここでの撮影は毎瞬が重装備の登山なのだ。車で来られる最終地点から村までは、15人もポーターを雇って機材や食料を運んだのだが、余分なものを一切割愛**せざるをえなかった**。

---

1) 入会山: 一定地域の住民が慣習によって共有する森林、または野原。
　　　　　일정 지역의 주민이 관습에 따라 공유하는 산림, 들.

　真っ先に諦めたのがビールである。何より重い。アルコールとしてなら、ウィスキーの方が効率的だ。それを6本、一人1本半分ずつ持てば、4人で10日間、何とかなるはずだ、という計算で諦めた。しかし、ウィスキーとビールとでは、その役割が違うのである。大汗をかいて一日の撮影が終わったとき、眼の前に清烈な小川が流れているので思わず言った。「ああ、これでビール冷やして飲んだら、うまいだろうなあ」と。スタッフ全員で協議した末に諦めたビールのことを、いまさら言うのはルール違反である。しかし、私が口にしたその禁句を聞きとがめたのは私の同僚ではなく、村の少年チェトリ君であった。「今、この人は何と言ったのか」と通訳に聞き、意味が分かると眼を輝かして言った。

　「ビールがほしいのなら、ぼくが買ってきてあげる」

　「どこへ行って?」

　「チャリコット」

　チャリコットは、私たちが車を捨ててポーターを雇った峠の起点である。トラックの来る最終地点なので、むろんビールはある。峠の茶屋の棚に何本かびんが並んでいるのを来るときに眼の隅で見た。でも、チャリコットまでは大人の脚でも1時間半はかかるのである。

　「遠いじゃないか」

　「大丈夫。真っ暗にならないうちに帰ってくる」

　ものすごい勢いで請け合うので、サブザックとお金を渡して頼んだ。

じゃ、大変だけどできたら4本買ってきてくれ、と。張り切って飛び出して行ったチェトリ君は、8時頃、5本のビールを背負って帰ってきた。私たちに拍手に迎えられた。

4

　次の日の昼過ぎ、撮影現場の見物にやってきたチェトリ君は「今日はビールは要らないのか」と聞く。前夜のあの冷えたビールの味がよみがえる。
　「要ら**ないことはないけど**、大変じゃないか」
　「大丈夫。今日は土曜でもう学校はないし、明日は休みだし、イスタルをたくさん買ってきてあげる」
　'Star'というラベルのネパールのビールを現地の人々は「イスタル」と発音する。嬉しくなって、昨日より大きなザックと1ダース分以上のビールが買えるお金を渡した。チェトリ君は、昨日以上に張り切って飛び出して行った。
　ところが夜になっても帰って来ないのである。夜中近くになっても音沙汰はない。事故ではないだろうか、と村人に相談すると、「そんな大金をあげたのなら、逃げたのだ」と口をそろえて言うのである。それだけのお金があったら、親のところへ帰ってから首都のカトマンズへだって行ける。きっとそうしたのだ、と。15歳になるチェトリ君は一つ山を越えたところにある、もっと小さな村からこの村へ来て、下宿して学校に通っている。土間の上にムシロ敷きのベットを置いただけの彼の下宿を撮影し、話を聞いたので、事情はよく知っているのだ。

　その土間で朝晩チェトリは、ダミアとジラという香辛料をトウガラシと混ぜて石の間にはさんで擦り、野菜といっしょに煮て一種のカレーにしたものを、飯にかけて食べながらよく勉強している。

5

　そのチェトリが帰ってこないのである。あくる日も帰ってこない。その翌日の月曜日になっても来ない。学校へ行って先生に事情を説明し、謝り、対策を相談したら、先生までが「心配することはない。事故なんかじゃない。それだけの金を持ったのだから、逃げたのだろう」と言うのである。歯ぎしりするほど後悔した。ついうっかり日本の鑑賞で、ネパールの子どもにとっては信じられない大金を渡してしまった。でも、やはり事故ではなかろうかと思う。しかし、そうだったら最悪なのである。

　いても立ってもいられない[2]気持ちで過ごした三日目の深夜、宿舎の戸が激しくノックされた。すわ、最悪の凶報か、と戸を開けるとそこにはチェトリが立っていたのである。泥まみれでヨレヨレの格好であった。チャリコットにビールが3本しかなかったので、山を四つも越した別の峠まで行ったという。合計10本買ったのだけど、転んで3本割ってしまった、とべそをかきながら[3]その破片を全部出して見せ、そして釣銭を出した。

---

2) いても立ってもいられない: 안절부절 못하다, 어찌할 바를 모르다.

彼の肩を抱いて、私は泣いた。近頃、あんなに泣いたことはない。そして
てあんなに深く、いろいろ反省したこともない。

---

3) べそをかく: 울상이 되다.

正確（せいかく）: 정확.

近頃（ちかごろ）: 요즈음.

出来事（できごと）: 일, 사건.

鮮烈（せんれつ）: 선명하고 강렬함.

昭和（しょうわ）: 쇼와(1926.12.25〜1989.1.7 사이의

연호)

撮影（さつえい）: 촬영.

麓（ふもと）: 기슭.

滞在（たいざい）: 체재, 체류.

海抜（かいばつ）: 해발.

斜面（しゃめん）: 사면.

散在（さんざい）: 이곳저곳에 흩어져있음, 산재.

張り付く（はりつく）(5자): 달라붙다, 들러붙다.

広がる（ひろがる）(5자): 넓어지다, 퍼지다, (눈앞에)

펼쳐지다, 전개되다.

電気（でんき）: 전기.

いわゆる: 이른바.

一切（いっさい）: 일절.

人口（じんこう）: 인구.

車輪（しゃりん）: 車の輪（くるまのわ）. 수레바퀴.

装置（そうち）: 장치.

集落（しゅうらく）: 인가가 모여 있는 곳.

往来（おうらい）: 왕래.

凸凹（でこぼこ）: 울퉁불퉁.

至るところ（いたるところ）: 가는 곳 마다, 도처.

谷川（たにがわ）: 계곡 사이를 흐르는 강.

急流（きゅうりゅう）: 급류.

寸断（すんだん）: 토막토막 자름, 잘게 끊음.

さしかかる(5자): 접어들다, 막 당도하다.

岩（いわ）: 바위.

命がけ（いのち）: 목숨을 걸고 함.

跳ぶ（とぶ）(5자): 뛰다, 뛰어넘다.

手押し（ておし）: (機械（きかい）や牛馬（ぎゅうば）の力（ちから）を借（か）りずに)手（て）

で押（お）すこと。손으로 밂(누름)

村人（むらびと）: 마을 사람.

体力（たいりょく）: 체력.

限界（げんかい）: 한계.

荷を背負う（にをせおう）: 짐을 짊어지다.

歩む（あゆむ）(5자): 걷다.(=歩（ある）く)

茂み（しげみ）: 초목이 무성한 곳, 수풀, 덤불.

動く（うごく）(5자): 움직이다, 이동하다.

驚く（おどろく）(5자): 놀라다, 경악하다.

燃料（ねんりょう）: 연료.

トウモロコシ: 옥수수.

共有地（きょうゆうち）: 공유지.

入会山（いりあいやま）: 一定地域（いっていちいき）の住民（じゅうみん）が慣習（かんしゅう）によっ

て共有（きょうゆう）する森林（しんりん）、または野原（のはら）。일정 지역

의 주민이 관습에 따라 공유하는 산림, 들.

柴を刈る: 나무를 하다.

馬車: 마차.

禁じる(상1자): 금지하다.

分量: 분량.

お天道さま: 하느님, 조물주님.

転がす(5타): 굴리다.

環境保護: 환경보호.

かなう(5자): ①(조건이나 기준 등에) 꼭 맞다, 들어맞다. ②이루어지다, 성취되다, 뜻대로 되다.

含む(5타): 머금다, 포함하다, 함유하다.

水準: 수준.

熟知: 숙지, 잘 알고 있음.

桃源郷: 도원경.

とりわけ: ことさらに、特別に。 특히, 그 중에서도.

願望: ねがい望むこと。 원하고 바람.

毎瞬: 매 순간.

重装備: 중장비.

機材: 기재.

運ぶ(5타): 나르다, 옮기다, 운반하다.

余分: 여분, 나머지.

割愛: 할애.

諦める(하1타): 단념하다, 체념하다.

効率的: 효율적.

計算: 계산.

役割: 역할.

大汗をかく: 비지땀을 흘리다.

清烈: 水が清く冷たいこと。 청렬, 물이 맑고 찬 모양.

小川: 작은 시내, 실개천.

冷やす(5타): 식히다, 차게 하다.(↔あたためる)

協議: 협의.

末: ~한 끝에, ~한 뒤에

いまさら: 今となって。 새삼스럽게.

違反: 위반.

禁句: 남의 감정을 해치지 않기 위해 삼가는 말.

聞きとがめる(하1타): 남의 말의 이상한 점에 대하여 따져묻다, 따지다.

同僚: 동료.

通訳: 통역.

輝かす(5타): 빛내다.

峠: 고개.

起点: 기점.

最終地点: 최종지점.

茶屋: 찻집.

棚: 선반.

隅: 구석, 귀퉁이.

脚: 다리.

真っ暗: 아주 캄캄함.

請け合う(5타): 책임지고 맡다, 약속하다.

サブザック: 소형 륙색.

頼む(5타): 부탁하다, 주문하다, 당부하다.

張り切る(5자): 힘이 넘치다, 의욕이 충만 되다.

拍手: 박수.

迎える(하1타): 맞다, 맞이하다, 모시다.

現場: 현장.

見物: 구경.

要る(5자): 필요하다, 소용되다.

前夜: 전날 밤.

よみがえる(5자): 소생하다, 되살아나다.

現地: 현지.

発音: 발음.

嬉しい: 기쁘다.

夜中: 한밤중.

音沙汰: 소식, 편지, 기별, 연락.

事故: 사고.

大金: 거금, 큰 돈.

逃げる(하1자): 도망치다, 달아나다.

口をそろえる: 여러 사람이 입을 모아 같은 말을 하다.

首都: 수도.

越える(하1자): 넘다, 넘어가다.

下宿: 하숙.

ムシロ敷き: 멍석이 깔린

土間: 봉당

朝晩: 아침저녁.

香辛料: 향신료.

トウガラシ: 고추

混ぜる(하1타): 섞다, 혼합하다, 뒤섞다.

はさむ(5타): 끼우다, (사이에 넣어)집다.

擦る(5타): 문지르다, 비비다.

煮る(상1타): 삶다, 끓이다, 조리다.

一種: 일종.

明くる日: 다음날. = 翌日

謝る(5자타): 사과하다, 사죄하다.

対策: 대책.

相談: 상담.

歯ぎしり: 怒り、くやしがって、歯を強くかみ、すりあわせて音を立てること。

이를 갊.

後悔: 후회.

うっかり: 깜빡, 멍청히.

鑑賞: 감상.

最悪: 최악.

いても立ってもいられない: 안절부절 못하다, 어찌할 바를 모르다.

過ごす(5타): (시간을)보내다, 지내다.

深夜: 심야.

宿舎: 숙사.

すわ: (갑작스런 일에 놀라서 내는 소리) 이크, 저런.

凶報: 불길한 소식.

泥まみれ: 진흙투성이.

ヨレヨレ: (옷 등이 낡아서 모양이 망가지고 구겨진 모양)구깃구깃.

格好: 꼴, 모습.

越す(5자): 넘다. 건너다.

合計: 합계.

転ぶ(5자): 구르다, 넘어지다.

割る(5타): 쪼개다, 빠개다.

べそをかく: 울상을 짓다.

破片: 파편.

釣銭: 잔돈.

肩: 어깨.

抱く(5타): 안다, 껴안다.

反省: 반성.

> **1.** わけだ: 결론, 단정, 이유, 납득 등의 의미로, 보통 '～이다, 인거다'로
> 해석된다.

1) 결론(단정)

❶ イギリスとは時差が8時間あるから、韓国が11時ならイギリスは3時なわけだ。

　영국과는 시차가 8시간 있으니까 한국이 11시라면 영국은 3시인거지.

❷ 彼女はフランスの有名なレストランで5年間料理の修行をしたそうだ。つまりプロの料理人であるわけだ。

　그녀는 프랑스의 유명한 레스토랑에서 5년간 요리 실력을 갈고 닦았대. 즉 프로

　요리사인 셈이다.

❸ A: 森さんは8年もアメリカに留学していたそうですよ。

　　모리씨는 8년이나 미국에 유학했대요.

　B: へえ、そうなんですか。それなら英語は得意なわけですね。

　　어머, 그래요? 그럼 영어는 아주 잘 하겠군요.

2) 이유

❶ 彼女は猫を3匹と犬を1匹飼っている。一人暮らしでさびしいわけだ。

　그녀는 고양이 세 마리와 개 한 마리를 키우고 있다. 독신생활이라 외로운 까닭이다.

❷ 今年は米の出来がよくなかった。冷夏だったわけだ。

　올해는 쌀 작황이 좋지 않았다. 냉하였던 것이다.

❸ 姉は休みの度に海外旅行に出かける。日常の空間から脱出したいわけだ。

언니는 휴가 때마다 해외여행을 다닌다. 일상의 공간에서 탈출하고 싶은 까닭

이다.

3) 납득

❶ A: 山本さん、結婚したらしいですよ。

야마모토씨가 결혼한 거 같아요.

B: ああ、そうだったんですか。それで最近いつもきげんがいいわけだな。

아, 그랬군요. 그래서 최근에 항상 기분이 좋은 거군요.

❷ あ、鍵が違うじゃないか。なんだ。これじゃ、いくらがんばっても開かないわ

けだ。

아, 열쇠가 틀리잖아. 뭐야, 이래서 아무리 애써도 열리지 않은 거군.

❶ 夏にしても、暑すぎる。

여름이라고는 해도 너무 덥다.

❷ 忙しいにしても連絡ぐらいは入れられただろうに。

바쁘다고는 해도 연락 정도는 해줄 수 있었을 텐데…….

❸ 私を嫌っているにしても、あんな言い方はひどいよ。

나를 싫어한다고 해도 그런 말투는 심해요.

3. 동사 ない형+ざるをえない: ～하지 않을 수 없다, 할 수 밖에 없다.
(＝～しかない、～よりほかない、～ないわけにはいかない)
피치 못할 사정이나 상황을 전제로 어쩔 수 없이 선택하게 되는 의미를
강조한다.

❶ 君がしないなら、ぼくがやらざるを得ないだろう。
자네가 하지 않는다면 내가 할 수 밖에 없겠지.

❷ 風邪気味で休みたいのだが、明日、テストなので勉強せざるを得ない。
감기 기운으로 쉬고 싶지만 내일 시험이어서 공부하지 않을 수 없다.

❸ いろいろな医学データから見て、タバコは癌の原因になると言わざるを得ない。
여러 가지 의학 데이터로 보아 담배는 암의 원인이 된다고 말할 수밖에 없다.

「する」動詞は「せざるをえない」形態가 된다.

4. 동사ない형+ことはない: ～하는 일은 없다, ～이지 않은 건 아니다.

1) ～하는 일은 없다
(상대의 발언을 받아 '그럴 일은 전혀 없다'라는 전면적인 부정의 의미)

❶ A: とても明日までには終わりそうもないんですけど…。
아무래도 내일까지는 끝날 것 같지 않은데요……

B: いや、やる気があればできないことはありませんよ。
　　ア니야, 할 의지가 있다면 불가능할 것도 없어요.

❷ A: 彼女は来ないじゃないか。
　　그녀는 안 오는 거 아니야?

B: 来ないことはないと思うよ。遅れても必ず来ると言っていたから。
　　안 오는 일은 없을 거야. 늦어도 꼭 온다고 말했으니까.

2)　~이지 않은 건 아니다

('어느 면에서는 그렇지만 백퍼센트 다 그런 건 아니다'라는 소극적인 단정의
의미)

❶ A: 1週間でできますか。
　　한 시간이면 가능해요?

B: できないことはないですが、かなりがんばらないとだめですね。
　　불가능한 건 아니지만 꽤 애쓰지 않으면 안 되겠는데요.

❷ A: あんたは行きたくないの?
　　너는 가고 싶지 않니?

B: 行きたくないことはないけど、お金が少し足りないんだ。
　　가고 싶지 않은 건 아니지만 돈이 조금 부족해.

5. うっかり: 깜빡, 무심코, 멍청히

해야만 하는 일을 잊어버리거나 긴장을 놓는 등, 어떤 일에 마음이 떠나있는 상태를 나타내는 의태어.

❶ 友だちとの約束をうっかり忘れてしまった。

친구와의 약속을 깜빡하고 잊어버렸다.

❷ 彼があまりにも優しかったので、うっかり本音をしゃべってしまった。

그가 너무나도 친절했기에 무심코 속마음을 말해버렸다.

❸ うっかりして停車駅を乗り過ごした。

넋 놓고 있다가 정차 역을 지나쳤다.

4. 鈴の鳴る道

星野富弘

　車椅子に乗るように**なってから**12年が過ぎた。その間、道のでこぼこがいいと思ったことは一度もない。本当は曲がりくねった草の生えた土の道のほうが好きなのだけれど、脳みそまでひっくり返るような振動には、お手上げである。第一、体の弱い私の電動車椅子では止ってしまう。

　車椅子に乗ってみて、初めて気がついたのだが、舗装道路でも、至るところに段があり、平だと思っていた所でも、横切るのがおっかないくらい傾いていることがある。

　ところが、この間から、そういった道のでこぼこを通る時に、一つの楽しみが出てきた。ある人から、小さな鈴をもらい、わたしはそれを車椅子にぶら下げた。手で振って音を出すことができないから、**せめて**いつも見える所にぶら下げて、銀色の美しい鈴が揺れるのを見ている**だけでも**よいと思ったからである。

　道路を走っていたら、例の**ごとく**、小さなでこぼこがあり、わたしは電動車椅子のレバーを慎重に動かしながら、そこを通り抜けようとした。その時、車椅子に付けた鈴が「チリーン」と鳴ったのである。心にしみるような澄んだ音色だった。

「いい音だなあ」

　私はもう一度その音色が聞きたくて、引き返してでこぼこの上に乗ってみた。

　「チリーン」「チリーン」小さいけれど、本当によい音だった。

　その日から、道のでこぼこを通るのが楽しみとなったのである。

　長い間、私は道のでこぼこや小石をなるべく避けて通ってきた。そして**いつの間にか**、道にそういったものがあると思っただけで、暗い気持ちを持つようになっていた。しかし、小さな鈴が「チリーン」と鳴る、たったそれだけのことが、私の気持ちをとても和やかにしてくれるようになったのである。

　鈴の音を聞きながら、私は思った。

　「人も皆、この鈴のようなものを、心の中に授かっているのではないだろうか」

　その鈴は、整えられた平な道を歩いていたのでは鳴ることがなく、人生のでこぼこ道にさしかかったとき、揺れて鳴る鈴である。美しく鳴らし続ける人もいるだろうし、閉ざした心の奥に、押さえ込んでしまっている人もいるだろう。

　私の心の中にも、小さな鈴があると思う。その鈴が、澄んだ音色で歌い、きらきらと輝くような毎日が送れ**たらと思う**。

　私の行く先にある道のでこぼこを、なるべく迂回**せずに**進もうと思う。

車椅子: 휠체어.

曲がりくねる(5자): 구불구불 구부러지다.

脳みそ: 뇌수, 골, 머리.

ひっくり返る(5자): 뒤집히다. 뒤바뀌다.

振動: 진동.

お手上げ: 全くどうにもしようがなくなること。 항복, 속수무책.

舗装道路: 포장도로.

至る所: 가는 곳마다, 도처에.

平: 평평함.

横切る(5자): 가로지르다, 횡단하다.

おっかない: 恐ろしい、怖い。 두렵다, 무섭다, 불안하다, 위험하다.

傾く(5자): 비스듬해지다, 쏠리다, 치우치다, 기울다.

鈴: 방울.

ぶら下げる(하1타): 늘어뜨리다, 매달다.

振る(5타): 흔들다, 휘두르다.

銀色: 은색.

揺れる(하1자): 흔들리다, 요동하다.

レバー: 레버, 손잡이.

慎重: 신중.

通り抜ける(하1자): 이쪽에서 저쪽으로 빠져나가다.

鳴る(5자): 소리가 나다, 울리다.

心にしみる: 절실하게 느끼다, 사무치다.

澄む(5자): 맑다, 맑아지다.

音色: 음색(=おんしょく)

引き返す(5자): 되돌아가다, 돌아오다.

小石: 작은 돌.

避ける(하1타): 피하다.

いつの間にか: 어느 사이엔가, 어느덧.

たった: 단지, 겨우.

和やか: 온화함, 부드러움.

授かる(5자타): たまわる。 (신불이나 윗사람이)내려주시다, 부여받다

整える(하1타): 가지런하게 하다, 가다듬다, 정돈하다.

さしかかる(5자): 접어들다, 막 당도하다, 다다르다.

閉ざす(5타): (문 등을)닫다, 잠그다.

心の奥: 마음 깊숙한 곳.

押さえ込む(5타): 꼼짝 못하게 하다.

きらきら: 반짝반짝

輝く(5자): 빛나다, 반짝이다.

なるべく: 가능한 한, 될수 있는 대로

迂回: 우회, 돌아감.

---

1. ~てから: ~하고 나서, ~한 후

'X하고 나서 Y'의 형태로 쓰이는 문형으로 상태나 동작의 연속, 혹은 새로운 상황의 발생을 나타내는 문장이 뒤따른다.

---

❶ 先にお風呂に入ってから食事にしよう。

먼저 목욕을 하고 나서 식사를 하자.

❷ 日本に来てから経済の勉強を始めた。

일본에 오고 나서 경제 공부를 시작했다.

❸ 卒業してから彼には会っていない。

졸업한 후, 그와는 만나지 않는다.

❹ 結婚してから5年目に子供が生まれた。

결혼하고 나서 5년 만에 아이가 태어났다.

---

2. せめて~だけでも: 하다못해~라도, 최소한 ~라도.

(＝せめて~なりとも)

---

❶ 忙しいのは分かっているけど、せめて一週間一回ぐらいは母に電話してほしい。

바쁜 건 알고 있지만 하다못해 일주일에 한번 정도는 엄마에게 전화해주었으면 해.

❷ せめて一晩だけでも泊めてもらえませんか。

하다못해 하룻밤만이라도 재워줄 수 없어요?

❸ せめて一目なりとも彼に会いたい。

하다못해 단 한번만이라도 그를 만나고 싶다.

3. ～ごとく: ～처럼,～와 같이

명사, 형용사, 부사, 동사의 보통형에 「の(が)ごとく」의 형태로 접속한다.
기본형은 「の(が)ごとし」의 형태이며 명사를 수식할 때는 「の(が)ごとき＋
명사」, 기타 수식은 「の(が)ごとく＋동사/ 형용사」의 형태가 된다.

❶ 速きこと、風のごとし。≒風のごとき速さ。≒風のごとく速い。

빠르기는 바람과 같다.

❷ その娘はチョウのごとく軽やかに、花のごとく華やかに舞った。

그 아가씨는 나비처럼 사뿐하고 꽃처럼 화사하게 춤췄다.

❸ 彼は眠るがごとく安らかに最期の時を迎えた。

그는 잠든 듯이 편안하게 삶의 마지막 순간을 맞이하였다.

4. いつの間にか: 어느 사이엔가, 어느덧.(＝知らないうちに)

❶ 雨はいつの間にか止んでいた。

비는 어느덧 그쳐있었다.

❷ いつの間にかこんな年になったんだね。青春はあっという間に過ぎ去ってしまった。

어느덧 이 나이가 되었네. 청춘은 눈 깜짝할 사이에 지나가 버렸다.

❸ 朝晩涼しい風が吹いて、いつの間にか秋になりました。

아침저녁으로 선선한 바람이 불더니 어느덧 가을이 되었습니다.

❹ あの人はあいさつもしないで、いつの間にか帰ってしまったよ。

그 사람은 인사도 없이 어느 사이엔가 돌아가 버렸어.

❶ 若いうちにいろいろ苦労したらいいと思う。あとできっと役に立つはずだから。

젊은 동안 여러 가지 고생해보면 좋을 거라 생각해. 나중에 분명히 도움이 될 테니까.

❷ 来年、日本に留学に行けたらと思います。

내년에 일본으로 유학 갈 수 있으면 좋겠다고 생각합니다.

❸ ダイエットなんかしないで食べたいだけ食べられたらと思うよ。

다이어트 같은 거 하지 않고 먹고 싶은 만큼 먹을 수 있었으면 해요.

❶ 食事をせず(に)会社に行った。

식사를 하지 않고 회사에 갔다.

❷ 勉強もせず(に)いい成績がもらえる方法はありません。

공부도 하지 않고 좋은 성적을 받을 수 있는 방법은 없습니다.

❸ 二人の間には、知らず知らずのうちに愛が芽生えていった。

두 사람 사이에는 모르는 사이에 사랑이 싹터갔다.

❹ 知らぬが仏。

모르는 게 부처님(모르는 게 약).

❺ 夫婦喧嘩は犬も食わぬ。

부부 싸움은 개도 먹지 않는다(부부싸움은 칼로 물 베기).

5. 五体不満足

乙武洋匡

1年に2回ある遠足。ぼくはいつも楽しみにしていた。もちろん、友だちと遠くへ出かけるということも楽しみの一つだったが、さらにぼくを**わくわく**させたのは電車だった。

普段、家族で出かける際には自動車を使う場合が多く、電車に乗る機会はめったにない。そこで先生や友だちといっしょに出かけることができ、さらに電車に乗ることができる遠足は、ぼくにとってこの上ない楽しみだったのだ。

低学年までの遠足は学校から比較的近い公園や動物園など、車椅子でも特に差し支えのないコースだった。しかし、高学年になる**につれ**、次第に内容がハードになってくる。そして、今回の4年生の遠足で、その厳しさは頂点を迎えた。

「今度の遠足は、山登りだ」と聞いたのは、4年生になってすぐのことだった。それも大人が登るのにも険しい山ということだ。ぼくの頭に、「車椅子ではなおさら…」という言葉が続く。何でもやりたがるぼくでも、**さすがに**今回は無理だと思った。母の口から、今回の遠足は欠席する旨を先生に伝えてもらう。しかし、先生はそれを認めなかった。

「つれていってしまえば、何とかなるでしょう。まさか、その場に置いてくるわけにもいきませんし」

しかし、その先生も遠足の実地踏査に行って、事の重大さを**いやというほど**知らされた。それだけ険しい山なのだ。遠足など遠出をするときには、重たくて動きのとりにくい電動車椅子ではなく、軽くて折り畳み可能な手押し車椅子で行くのだが、その軽い車椅子でも無理ではないかという声もあがった。道中、「この辺は、車椅子を押して行くのは無理。これぐらいなら、何とか押して行けるかもしれない」などと、先生方で話し合いながら進んで行ったそうだ。

本来、実地踏査というのは、トイレの位地を確認したり、休憩する場所を考えたり、全員が整列するペースがあるかを確認するために行われるものだ。それが、いつの間にか他のクラスの先生も加わって、「乙武をどのようにして連れていったらいいか」という実地踏査に変わってしまった。4組の体の大きい男の先生も「**いざとなったら**、私が背負って歩きますから、心配せずに乙武を連れていってください」と言ってくれていた。とにかく、学生全体で、ぼくを頂上まで連れていく覚悟だったようだ。

翌週、学級会が開かれた。議題は、「オトちゃんをどうするか」ヘンテコな1)学級会だ。

先生:「今度の遠足は、神奈川県にある弘法山というところに行きます。みんな、山登りになるけど、大丈夫かな?」

---

1) ヘンテコな: 変な、奇妙な。이상한, 기묘한

子ども：「大丈夫で〜す」

先生：「この前、先生も他のクラスの先生といっしょに行ってきたけど、本当に大変でした。それでも、みんなは大丈夫かな?」

子ども：「大丈夫で〜す」

先生：「でも、乙武君は車椅子だよね。この前、お母さんから「今回の遠足はお休みさせます」って言われたんだけど、みんなはどう思う?」

子ども：「ズルイよ！」予期せぬ言葉が返ってきた。高木先生も、この言葉には驚きを隠せずにいた。

子ども：「そんなに登りが大変な山なのに、オトちゃんだけ休むなんてズルイよ」

他の子からも、「そうだ、そうだ」という声があがる。ぼくが行くことになって、余計に苦労するのは子どもたちだ。ただ登るだけでもきついというのに、車椅子を連れて頂上まで目指さなければならないのだ。しかし、その子どもたちから発せられた言葉は、「オトちゃんだけ休むなんてズルイ」彼らにとっては、クラスの一員であるぼくが、行事を休むことが不可解だったようだ。こうしてぼくも弘法山に挑むこととなった。

わくわく: 期待、喜びなどで心が落ちつかないさま。두근두근.

普段: 平生、平常。평소.

めったに: ほとんど。좀처럼.

さらに: その上に。더욱이

この上ない: 더할 나위없는.

比較的: 비교적.

差し支えない: 지장이 없다, 괜찮다.

次第に: だんだん。점차로

頂点: 정점.

険しい: 험하다, 가파르다.

なおさら: 前にまして、ますます、いっそう。더욱더, 더한층.

さすがに: やはり、そうは思うものの、そうではあるが。과연, 역시.

旨: 취지, 뜻.

認める(하1타): 인정하다, 확실하다고 판단하다.

まさか: 설마, 아무리 그렇더라도.

実地踏査: 현지답사.

重大さ: 중대함.

いやというほど: 뼈저리게.

遠出: 遠方へ出かけること。멀리나감.

電動: 전동.

折り畳み: 접어 갬, 개킴.

手押し: 손으로 밂(누름)

位置: 위치.

確認: 확인.

休憩: 휴게, 휴식.

整列: 정렬.

加わる(5자): 늘다, 가담하다, 추가되다.

いざとなったら: 여차하면, 만일의 경우.

背負う(5타): 짊어지다, 등에 업다, 지다.

翌週: その次の週。다음주.

学級会: 학급회의.

議題: 의제.

予期: 예상, 예측.

返る(5자): 돌아가다(오다)

隠す(5타): 감추다, 숨기다.

余計に: いっそう。더욱, 더한층.

苦労する: 고생하다, 수고하다.

きつい: 고되다, 고생스럽다, 꽉 끼다.

目指す(5타): 목표로 하다, 노리다, 겨누다, 지향하다.

行事: 행사.

不可解: 이해할 수 없음.

挑む(5자타): 싸움, 경쟁 등을 걸다, 도전하다.

1. わくわく: (기대, 기쁨 등으로 마음이 설렘) 두근두근, 울렁울렁.

❶ 彼は夢の中を歩いているような気持ちで、何だか妙にわくわくして足がちっと
も土につかなかった。

그는 꿈속을 걷고 있는 듯 한 기분이 되어 왠지 이상하게 마음이 설레어 발이
조금도 땅에 닿지 않았다.

❷ あんまりのうれしさに、胸がわくわくしてくる。

너무나도 기쁜 나머지 가슴이 두근두근해져온다.

❸ みんなはわくわくしながら彼の登場を待っていた。

모두는 (기대로)마음 두근거리며 그의 등장을 기다리고 있었다.

2. ～につれ(て): ～함에 따라(변화)

❶ 歌は世につれ、世は歌につれ。

노래는 세상 따라, 세상은 노래 따라.

❷ 経験を積むにつれて、人は慎重になる。

경험을 쌓음에 따라 사람은 신중해진다.

❸ 国際化が進むにつれ、外国語の実力が高く評価されることになる。

국제화가 진행됨에 따라 외국어 실력이 높이 평가받게 된다.

❶ いつもは<ruby>落<rt>お</rt></ruby>ち<ruby>着<rt>つ</rt></ruby>いている<ruby>山田<rt>やまだ</rt></ruby>さんだが、はじめてテレビに<ruby>出<rt>で</rt></ruby>た<ruby>時<rt>とき</rt></ruby>はさすがに<ruby>緊張<rt>きんちょう</rt></ruby>したそうだ。

평소에는 침착한 야마다씨이지만 처음 텔레비전에 나왔을 때는 역시 긴장했다고 한다.

❷ さすがにあの<ruby>店<rt>みせ</rt></ruby>のお<ruby>菓子<rt>かし</rt></ruby>はおいしい。

역시 그 가게 과자는 맛있어.

❸ <ruby>沖縄<rt>おきなわ</rt></ruby>でもさすがに<ruby>冬<rt>ふゆ</rt></ruby>は<ruby>寒<rt>さむ</rt></ruby>いね。

오키나와라도 과연 겨울은 춥네.

❶ ステーキはアメリカでいやというほど<ruby>食<rt>た</rt></ruby>べたので、<ruby>全然<rt>ぜんぜん</rt></ruby><ruby>食<rt>た</rt></ruby>べたくありません。

스테이크는 미국에서 실컷 먹었기에 전혀 먹고싶지 않아요.

❷ <ruby>苦労<rt>くろう</rt></ruby>の<ruby>味<rt>あじ</rt></ruby>はいやというほど<ruby>知<rt>し</rt></ruby>っているから、もうあんな<ruby>仕事<rt>しごと</rt></ruby>は<ruby>二度<rt>にど</rt></ruby>としたくない。

고생이 어떤지는 신물이 날만큼 알고 있기에 이제 그런 일은 두 번 다시 하고 싶지않다.

❸ <ruby>母<rt>はは</rt></ruby>の<ruby>小言<rt>こごと</rt></ruby>はいやと<ruby>言<rt>い</rt></ruby>うほど<ruby>聞<rt>き</rt></ruby>かされたよ。ほら、<ruby>耳<rt>みみ</rt></ruby>にタコができたでしょう。

엄마 잔소리는 물리도록 들었어. 이봐, 귀에 못이 박혔잖아?

❶ <ruby>心配<rt>しんぱい</rt></ruby>しないでください。いざとなったら<ruby>安全<rt>あんぜん</rt></ruby>な<ruby>場所<rt>ばしょ</rt></ruby>へ<ruby>移<rt>うつ</rt></ruby>ればいいですから。
걱정하지마세요. 여차하면 안전한 곳으로 옮기면 되니까요.

❷ いざとなると、<ruby>彼<rt>かれ</rt></ruby>は<ruby>逃<rt>に</rt></ruby>げ<ruby>出<rt>だ</rt></ruby>すかもしれない。
여차하면 그는 달아날지도 모른다.

❸ いざとなったら、<ruby>真実<rt>しんじつ</rt></ruby>を<ruby>打<rt>う</rt></ruby>ち<ruby>明<rt>あ</rt></ruby>けるしかない。
만일의 경우, 진실을 털어놓는 수밖에 없다.

6. 違う意見がよい

森毅

　他人の意見が自分と合うとうれしくなったりする。しかしそれは、自分の意見が確かめられたと安心するぐらいで、その意見が深められることもないから、本当はつまらないことだ。

　それよりは、他人の違う意見がよい。**仮に**その意見が間違っていても、そうした意見を持つ根拠があるわけで、その根拠は考える**に値する**。そのために、自分の意見を変えるまでしなくとも、今まで気づかなかった、自分の意見の弱いところが見えてきたりして、自分の意見が深くなる。相手のほうが説得性のある意見なら、こだわらずにその意見に同調してもよい。その場合も、最初からその意見であるより、それ以前は別のことを考えていた**だけに**、考えに深みができる。

　だから、なるべくなら自分と違う意見に耳を傾けたほうが、自分の考えを深めるのに役立つ。同じ意見なら、聞いてもしかたがない。

　同じ意見だと安心し合ってかたまっては、つまらない。まして、違う意見の人をバカにするのはもったいない。仮に、その相手が「だめな相手」に見えても、自分と違う意見を持っているだけでも、自分の役に立つ。

　それに「えらい人」に学ぶなんて、ありふれたことしか学べない。みんなが学ぶことなら、学んだところで、たいしたものは得られない。それより、「だめなやつ」から学ぶことのできるほうが、ずっとたいしたことなのだ。
　実はぼくは、何事であれ、意見の正しさをそれほど信じていない。それでも自分としては、意見を持たないわけにはいかない。そして、**どうせ**正しさをあまり信じていないので、それに安心していようとも思わない。ただ、それと違う意見と交わったほうが、その自分の意見に深みができると思うのだ。どうせ持ってしまう自分の意見なのだから、できることなら深みを持った意見でありたい。

　「心を一つにして」なんて、ちっともいいことと思わない。「意志統一」なんてのは、**よっぽど**せっぱつまった時1)でない限り、する必要はない。意見がばらばらというのはとてもいいことだ。ばらばらのままで交わらなくては、役に立たない。それは、違った意見を自分の役に立てる訓練でもあるし、違った意見とのつきあい方の訓練でもある。

---

1) せっぱつまった時: 절박한 때, 막다른 때.

他人: 타인.

深める(하1타): 깊게 하다.

仮に: 모시모 가령, 만일, 만약.

根拠: 근거.

値する: 값하다, 가치가 있다, ~할만하다.

説得性: 설득력.

同調: 동조.

深み: 깊이.

耳を傾ける: 귀를 기울이다.

かたまる(5자): 한데 뭉치다, 굳다, 딱딱 해지다.

まして: 하물며, 더구나.

バカにする: 무시하다, 업신여기다, 깔보다.

もったいない: 황송하다, 과분하다, 고맙다, 아깝다.

学ぶ(5타): 가르침을 받다, 배워 익히다.

ありふれる(하1자): 흔하게 있다, 흔해 빠지다.

たいしたもの: 대단한 것, 엄청난 것.

正しさ: 올바름.

交わる(5자): 사귀다, 교제하다, 교차하다, 뒤섞이다.

どうせ: 어차피.

意志統一: 의사통일.

ちっとも: (뒤에 부정어가 따르며) 조금도, 전연.

よっぽど: 어지간히, 상당히, 대단히.

せっぱつまる(5자): 막다르다, 궁지에 몰리다, 다급해지다.

ばらばら: 따로따로 흩어지는 모양, 분해 되는 모양. 뿔뿔이, 제각각.

訓練: 훈련.

つきあい方: 교제법, 사귀는 방법.

1. 仮(かり)に~ても: 가령, 만일~라도 (=もし~ても、もしあったとしても)

❶ 仮(かり)に予定(よてい)の日(ひ)までに私(わたし)が帰(かえ)ってこないことがあっても、心配(しんぱい)しないで待(ま)っていて下(くだ)さい。

만일 예정한 날까지 내가 돌아오지 않는 일이 있어도 걱정하지 말고 기다리고 있어주세요.

❷ 仮(かり)に参加希望者(さんかきぼうしゃ)が定員(ていいん)に満(み)たない場合(ばあい)でも旅行(りょこう)は決行(けっこう)します。

가령 참가희망자가 정원에 못 미치는 경우가 있어도 여행은 강행합니다.

❸ 仮(かり)にその話(はなし)がうそだとしても、おもしろいじゃないか。

만일 그 이야기가 거짓말이라고 해도 재미있잖아?

2. ~に値(あたい)する: ~~할 만하다, ~할 가치가 있다

❶ 彼女(かのじょ)の勇敢(ゆうかん)な行動(こうどう)は賞賛(しょうさん)に値(あたい)する。

그녀의 용감한 행동은 칭찬할 만하다.

❷ あの本(ほん)は一読(いちどく)に値(あたい)する。

그 책은 한번 읽어볼만하다.

❸ この品物(しなもの)は千円(せんえん)にも値(あたい)しないくだらないものだ。

이 상품은 천원 값어치도 안 될 만큼 허접한 것이다.

❶ 彼女は若かっただけに、その早すぎた死が惜しまれる。

그녀는 젊었던 만큼 요절이 사람들을 안타깝게 한다.

❷ 苦労しただけ、今回の優勝は嬉しいです。

고생한 만큼 이번 우승은 기쁩니다.

❸ 若くて体力があるだけに、かえって無理をして体をこわしてしまった。

젊고 체력이 있었던 탓에 오히려 무리해서 몸을 망가뜨리고 말았다.

❶ 三日坊主の彼のことだから、どうせ長続きはしないだろう。

작심삼일인 그이니까 어차피 오래 가지는 못할 거야.

❷ 急いでもどうせ間に合わないのだったら、ゆっくり行こう。

서둘러도 어차피 제시간에 맞출 수 없다면 천천히 가자.

❸ どうせ行かないのなら、早めに知らせておいたほうがいいよ。

이왕 안갈 거라면 빨리 알려주는 편이 좋아.

❶ よっぽど疲れていたんだろう。弟は帰ってくるとご飯も食べずに寝てしまった。

어지간히 피곤했던가보다. 남동생은 돌아오자 밥도 먹지 않고 잠들어버렸다.

❷ よっぽどのことがなければ、彼はここには来ません。

웬만한 일이 없으면 그는 여기에 오지 않아요.

❸ その映画、続けて3回見たって。よっぽどよかったんだね。

그 영화 연거푸 세 번 봤대. 상당히 좋았나봐.

7. 短い手紙

「母へ」

1. お母さん、

   雪の降る夜に私を生んで下さってありがとう。

   もうすぐ雪ですね。

   (大阪府, 男・51)

2. 「私、母似でブス。」娘が笑って言うの。

   私、同じこと、泣いて言った**のに**。

   ごめんね、お母さん。

   (群馬県, 女・38)

3. お母さん、反対してくれて有難う。

   おかげで辛抱できました。

   結婚生活、17年。洋子。

   (宮城県, 女・39)

4. 孫があなたの写真を指して
「梨」「ぶどう」と叫んでいます。
宅配便 待ってます。
(香川県, 女・32)

5. 洪水の夜、
僕を救って星になったお母さん。
まま母だったとずっと後に知りました。
(栃木県, 男・56)

6. お見合いの翌日、
彼の家を二周してきたお母さん。
お母さんね。
(福井県, 女・25)

7. 「電話代がかかる」といって
一分で切るのは、やめてください。
払うのは私です。
(沖縄県, 男・25)

8. ぼくが元気なときと、
病気の時のお母さん。

まるでお母さんが二人いる**みたいね**。

(奈良県, 男・10)

9. 高速道路ができました。

でも、母さんのいないふるさとは

なんだか遠くなりました。

(宮城県, 男・52)

10. 朝起きて

だれもいない台所にポツンとおいてある、まだ温かいお弁当。

もう少し早く起きたら、ありがとうと言えたのに。

(東京都, 男・17)

「父へ」

11. 合格発表の日、

掲示板に僕の名前を見つけて僕を殴った父さん。

うれしかった。

(東京都, 男・17)

12. おとうさん、

肩もんでくれるのはいいけど

私、凝ってないんだ。

(兵庫県, 女・25)

13. 父がコップに残したビールは

父の残りの人生のようで

さびしくなりました。
(東京都, 男・20)

14. お父さん、

こわいけど弱い人。

気がついてしまってごめんなさい。
(愛知県, 男・17)

15. おとうさん、

そちらからかけてきて

「なんの用じゃ」と聞くのは

やめてください。
(福井県, 女・22)

「おばあちゃんへ」

16. おばあちゃん、

夜ひこうきにのったら、

ちきゅうのそとにでたよ。
(愛知県, 男・7)

「息子へ」

17. 二十六のお前を見て

おれは考える。

愛しすぎたのか、足りなかったのかと。

(兵庫県, 男・63)

18. 親離れする年ごろに

オムツ交換

それでいい 生きていて

(広島県, 女・40)

「妻へ」

19. 時々、

お前の夢を見る。

子供たちにも出てやってくれ。

(岩手県, 男・64)

雪: 눈.

生む(5타): 낳다, 만들어내다.

もうすぐ: 이제 곧.

母似: 엄마를 닮음.

ブス: 추녀.

娘: 딸.

同じ: 같음, 동일함.

泣く(5자): 울다.

反対: 반대.

辛抱: 참음, 인내.

孫: 손자.

写真: 사진.

指す(5타): 가리키다, 지적하다, 지명하다.

梨: 배.

ぶどう: 포도.

叫ぶ(5자타): 외치다, 소리지르다, 부르짖다.

宅配便: 택배.

洪水: 홍수.

救う(5타): 구조하다, 돕다, 건지다.

星: 별.

まま母: 새어머니, 계모.

お見合い: 맞선.

翌日: 이튿날.

二周: 두번 돌기.

電話代: 전화비.

切る(5타): 끊다, 자르다.

払う(5타): (돈을)지불하다, 내다.

病気: 병.

まるで: 마치.

みたい: ~와 같다.

高速道路: 고속도로.

ふるさと: 고향.

なんだか: 왠지.

台所: 부엌.

ポツンと: 동그마니.

温かい: 따뜻하다.

お弁当: 도시락.

合格発表: 합격발표.

掲示板: 게시판.

番号: 번호.

見つける(하1타): 발견하다, 찾다.

殴る(5타): 때리다, 치다.

肩をもむ: 어깨를 주무르다.

凝る(5자): 근육이 뻐근하다, 뭉치다.

残す(5타): 남기다, 남겨두다.

残り: 남은 것, 나머지.

人生: 인생.

こわい: 무섭다.

弱い: 약하다.

気がつく: 눈치채다, 생각이 미치다.

用: 볼일.

地球: 지구.

外: 밖.

息子: 아들.

親離れ: 부모 곁을 떠남, 부모로부터 독

립하는 일.

年ごろ: 적령기, 그럴만한 나이.

オムツ: 기저귀.

交換: 교환.

時々: 때때로, 가끔.

お前: 자네, 당신.

夢を見る: 꿈을 꾸다.

1. のに: ~인데.

예상이나 기대에 어긋난 상황에서 불만, 유감, 실망의 감정을 나타낸다.

❶ 彼は知っているのに知らないふりをしている。

그는 알고 있으면서 모른 척을 하고 있다.

❷ ぼくのせいでもないのに、先生に叱られました。

내 탓도 아닌데 선생님에게 야단맞았습니다.

❸ もう春なのに少しも暖かくならない。

벌써 봄인데 조금도 따뜻해지지않는다.

2. まるで~みたい(=ようだ): 마치~와 같다.

❶ 今日は風が強くて、まるで台風みたい。

오늘은 바람이 세서 마치 태풍같다.

❷ あの人はまるで女のような言葉使いをしています。

그 사람은 마치 여자와 같은 말투를 쓰고 있습니다.

❸ あなたはまるで子供みたいね。

당신은 마치 아이같네요.

❶ あなたと話していたら、なんだか少し気分が楽になりました。

당신과 이야기하고 있자니 왠지 조금 기분이 편안해졌습니다.

❷ 彼は最近、なんだか私のことを避けているようなきかする。

그는 최근에 어쩐지 나를 피하고 있는 듯한 기분이 든다.

❸ 別に叱られたこともないのに、なんだかあの先生は怖い。

별로 야단맞지도 않았는데 왠지 그 선생님은 무섭다.

8. 星の王子さま

サン・テグジュペリ

1

　キツネは、また、話をもとに戻しました。

　「おれ、毎日同じことして暮しているよ。おれがニワトリを追っ掛けると、人間のやつがおれを追っ掛ける。ニワトリがみんな**似たり寄ったり**なら、人間のやつが、またみんな似たり寄ったりなんだから、おれは少々退屈してるよ。だけど、もし、あんたが、おれと仲よくしてくれたら、おれは、お日さまに当たったような気持ちになって、暮してゆけるんだ。足音**だって**、今日まで聞いてきたのとは、違ったのが聞けるんだ。他の足音がすると、おれは穴の中にすっ込んでしまう。でも、あんたの足音がすると、おれは、音楽でも聞いてる気持ちになって、穴の外へ這い出すだろうね。それから、あれ、見なさい。あの向こうに見える麦ばたけはどうだね。おれは、パンなんか**食べやしない**。麦なんて、何にも**なりゃしない**。だから麦ばたけなんか見**たところで**、思い出すことって、何にも**ありゃしないよ**。それ**どころか**、おれはあれ見ると、気が塞ぐんだ。だけど、あんたのその金色の髪は美しいなあ。あんたがおれと仲よくしてくれたら、おれにゃ、そいつが素晴らしいものに見えるだろう。金色の麦を見ると、あんたを思い出すだろうな、それに、麦を吹く風の音も、おれにゃ嬉しいだろうな…」

キツネは黙って、長いこと、王子さまの顔をじっと見ていました。

「なんなら… おれと仲よくしておくれよ」と、キツネが言いました。

「でも、どうしたらいいの?」と、王子さまが言いました。

キツネは答えました。

「辛抱が大事だよ。最初は、おれから少し離れて、こんなふうに、草の中に座るんだ。おれは、あんたをちょいちょい横目で見る。あんたは、何にも言わない。それも、ことばっていうやつが、勘違いのもとだからよ。一日一日と経ってゆくうちにゃ、あんたは、だんだんと近いところへ来て座れるようになるんだ…」

2

王子さまは、こんな話をし合っているうちに、キツネと仲よしになりました。だけれど、王子さまが別れていく時刻が近づくと、キツネが言いました。

「ああ！… きっと、泣いちゃうよ」

「そりゃ、君のせいだよ。ぼくは、君にちっとも悪いことしようとは思わなかった。だけど、君は、ぼくに仲よくしてもらいたがったんだ」

「そりゃそうだ」と、キツネが言いました。

「でも、君は、泣いちゃうんだろう?」と、王子さまが言いました。

「そりゃそうだ」と、キツネが言いました。

「じゃ、何にもいいことはないじゃないか」

「いや、ある。麦ばたけの色が、あるからね」

それから、キツネは、また、こうも言いました。

「もう一度、バラの花を見にいってごらんよ。あんたの花が、世の中に一つしかないことが分かるんだから。それから、あんたがおれにさよならを言いに、もう一度、ここに戻ってきたら、おれはおみやげに、一つ、秘密を贈り物にするよ」

王子さまは、もう一度バラの花を見に行きました。そして、こう言いました。

「あんたたち、ぼくのバラの花とは、まるっきり違うよ。それじゃ、ただ咲いてるだけじゃないか。だあれも、あんたたちとは、仲よくしなかったし、あんたたちの方でも、だれとも仲よくしなかったんだからね。ぼくが初めて出くわした時分のキツネとおんなじさ。あのキツネは、はじめ、10万ものキツネと同じだった。だけど、今じゃ、もう、ぼくの友だちになってるんだから、この世に一匹しかないキツネなんだよ」

そう言われて、バラの花たちは、たいそう、きまりが悪がりました。

「あんたたちは美しいけど、ただ咲いてるだけなんだね。あんたたちのためには、死ぬ気になんかなれないよ。そりゃ、ぼくのバラの花も、何でもなく、そばを通ってゆく人が見たら、あんたたちとおんなじ花だと思うかも知れ

ない。だけど、あの一輪の花が、ぼくには、あんたたちみんなよりも大切な
んだ。だって、ぼくが水をかけた花なんだからね。覆いガラスもかけてやっ
たんだからね。ついたてで、風に当たらないようにしてやったんだからね。
毛虫を、二つ、三つはチョウになるように殺さずにおいたけど、殺してやっ
た花なんだからね。不平も聞いてやったし、自慢話も聞いてやったし、
黙っているならいるで、時には、どうしたのだろうと、聞耳をたててやった花
なんだからね。ぼくのものになった花なんだからね」

3

　バラの花たちにこう言って、王子さまは、キツネのところに戻ってきまし
た。
　「じゃ、さよなら」と、王子さまは言いました。
　「さよなら」と、キツネが言いました。「さっきの秘密を言おうかね。なに、
なんでもないことだよ。心で見なくちゃ、ものごとはよく見えないってことさ。
肝心なことは、目に見えないんだよ」
　「肝心なことは、目に見えない」と、王子さまは、忘れないように繰り返し
ました。
　「あんたが、あんたのバラの花をとても大切に思ってるのはね、そのバラの
ためにひまつぶししたからだよ」
　「ぼくが、ぼくのバラの花を、とても大切に思ってるのは…」と、王子さま

は、忘れないように言いました。

「人間っていうものは、この大切なことを忘れてるんだよ。だけど、あんたは、このことを忘れちゃいけない。面倒を見た相手には、いつまでも責任があるんだ。守らなけりゃならないんだよ、バラの花との約束をね…」と、キツネは言いました。「ぼくはあのバラの花との約束を守らなけりゃいけない…」と、王子さまは忘れないように繰り返しました。

戻す(5타): 되돌리다, 돌려주다.

追っ掛ける(하1타): 追い掛ける。뒤쫓다.

似たり寄ったり: 비슷비슷함.

退屈: 지루함, 따분함, 무료함, 심심함.

お日さま: 해님.

足音: 발소리.

すっ込む(5자): 引っ込む、その場から退く。그 자리에서 물러나다, 꺼지다.

穴: 구멍.

這い出す(5자): 기어 나오다(나가다), 기기시작하다.

向こう: 맞은편, 건너편.

麦ばたけ: 보리밭.

思い出す(5타): 생각나다, 떠올리다.

気が塞ぐ: 우울해지다.

金色: 금색.

素晴らしい: 멋지다, 근사하다.

黙る(5자): 입을 다물다, 침묵하다.

じっと見る: 물끄러미 보다.

なんなら: 무엇하면, 원한다면, 괜찮다면.

こんなふうに: 이런식으로, 이렇게.

辛抱: 참음, 참고 견딤, 인내.

ちょいちょい: 度々。가끔, 때때로.

横目: 곁눈.

勘違い: 思い違い。착각, 오해.

経つ(5자): (시간, 세월)이 지나다, 흐르다, 경과하다.

時刻: 시각.

贈り物: プレゼント。선물.

まるっきり: まるきり、全く、全然。(뒤에 부정의 말이 따름) 전혀, 완전히.

出くわす(5자): 偶然出会う。우연히 만나다, 딱 마주치다.

時分: 時、ころ、時期。適当な時期。때, 무렵, 시기.

きまりが悪い: 面目が立たない、何となく恥ずかしい。어쩐지 부끄럽다, 쑥스럽다, 겸연쩍다.

一輪: 한 송이.

覆いガラス: 유리덮개.

ついたて: 칸막이.

毛虫: (쐐기, 송충이 등과 같이 몸에 길고 빳빳한 털이 있는 벌레의 총칭) 모충.

チョウ: 나비.

不平: 불평.

自慢話: 자랑하는 이야기.

聞耳を立てる: よく聞こうとして耳を澄ます。(잘 들으려고) 귀를 기울이다.

さっき: 좀전, 아까.

ものごと: 세상사, 사물.

肝心: 중요, 소중, 요긴함.

繰り返す(5타): 되풀이하다, 반복하다.

ひまつぶし: あり余る時間をすごすため

にすること。 심심풀이, 시간을 들이기.

面倒を見る: 보살피다, 돌보다.

1. 似たり寄ったり: 비슷비슷함, 대동소이함.

❶ 最新作といっても、内容は前のと似たり寄ったりなのであまり面白くない。
최신작이라고 해도 내용은 전의 것과 비슷비슷해서 별로 재미없다.

❷ 似たり寄ったりの考え方では、社会は発展できない。
대동소이한 가치관으로는 사회는 발전할 수 없다.

❸ 何度も実験してみたが、結果は似たり寄ったりだった。
몇 번이나 실험해보았지만 결과는 거기서 거기였다.

❹ あの二人は自慢しあっているが、彼らの実績は似たり寄ったりである。
그 두 사람은 서로 자랑하고 있지만 그들의 실적은 고만고만하다.

2. 명사+だって: ～라도, ～도(=も)
'～도 예외가 아니라 역시 마찬가지로'라는 의미를 나타낸다.

❶ 先生だって間違うことはあります。
선생님이라도 틀리는 일은 있습니다.

❷ 好き嫌いはありません。魚だって肉だって何だって大丈夫です。
좋고 싫은 건 없습니다. 생선이든 고기든 뭐든 괜찮습니다.

❸ だれにだって一つや二つは秘密はある。
누구라도 비밀 한 두개는 있다.

「だって」가 접속사로 쓰일 때는 이유나 원인에 대한 설명의 뜻을 지닌다. 특히 자신의 행위 혹은 설명을 정당화하기위해「だって~もの(もん)」의 표현이 사용된다.

① A: 夕刊まだかな。

　　석간 아직 안 왔나?

　B: だって今日は日曜日でしょ、来ないわよ。

　　오늘은 일요일이잖아요, (석간)안와요.

② A: どうして外で遊ばないの。

　　왜 밖에서 놀지 않니?

　B: だって寒いんだもん。

　　춥단 말이 예요.

③ A: 昨日はどうして待ってくれなかったの。

　　어제는 어째서 기다려 주지 않았어?

　B: だってあそこのカフェ、人が長くいられなかったんだよ。

　　그 카페, 사람이 오래 있을 수 없었단 말이야.

---

3. 동사ます형 + は(も) + しない: ~하지는(도) 않는다. 부정문의 강조.
동사 ます형이「い」음일 경우에는「(い) + ゃ + しない」로, 동사 ます형이
「え」음일 경우에는「(え) + や + しない」로 발음되기도 한다.

---

❶ それぐらいのことで怒りはしないだろう。

　　　　＝怒りゃしない

그 정도 일로 화내지는 않겠지.

❷ 彼女はそれほどのことで泣きはしないはずだ。

＝泣きゃしない

그녀는 그까짓 일로 울지는 않을 거야.

❸ 大統領は原稿を見もしないで、話し始めた。

대통령은 원고를 보지도 않고 이야기하기 시작했다.

❹ あんなに小さい声で呼んだら聞えはしないだろう。

＝聞えやしない

그렇게 작은 소리로 부른다면 들리지는 않겠지.

---

4. 동사 た형 + ところで: ~한들, 한댔자.(=たとえ~ても)
부정(ない)이나 「むだだ、無意味だ、無理だ」등과 같은 의미가 뒤따르며
'비록 ~해도, 아무런 이득이 없다거나 더욱 상태가 악화된다'는 의미를
나타낸다.

---

❶ 今更後悔したところで、仕方がないよ。

이제 와서 새삼 후회한들 어쩔 수 없어.

❷ 考えてばかりいたところで、一歩も前には進まない。

생각만 하고 있어 봤자 한발자국도 앞으로는 나가지 않아.

❸ 失敗したところで、失うものがあるわけじゃないし、まずやってみるよ。

실패한들 잃을 게 있는 것도 아니고 일단 해볼게.

① A: 彼女は独身ですか。

　　그녀는 독신인가요?

　B: いいえ、独身どころか、子供が3人もいますよ。

　　아니요, 독신은 고사하고, 아이가 셋이나 있어요.

② 涼しくなるどころか、連日30度を越える暑さが続いています。

　서늘해지기는커녕, 연일 30도를 넘는 더위가 계속되고 있습니다.

③ 彼は静かなどころか、すごいおしゃべりだ。

　그는 조용하기는커녕, 엄청난 수다쟁이이다.

9. 結婚

M・スコット・ペック

　少し前、私は夫婦のグループワークショップで、メンバーの一人が、妻の「目的と働き」は家をきれいにし、おいしい料理を食べさせることだというのを聞いた。驚いたことに、他の六人のメンバーが、男性も女性も同じような意見を語ったのである。誰もが配偶者の目的と働きを自分との関わりで定義して、相手が根本的に自分とは別個の存在で、必ずしも結婚に縛りつけられてはいないことを認識していなかった。

　夫婦の問題を考える時、妻と私は結婚を登山の際のベースキャンプにたとえる**ことにしている**。山に登るには、ちゃんとしたベースキャンプが必要である。そこには安全な場所と食糧がある。次の頂上を目指してさらに挑む前に、栄養と休息をとることができる。すぐれた登山家なら、実際の登山にかけるのと少なくとも同じ時間―それ以上ではないにしても―を、ベースキャンプの整備に**費やさねばならない**ことを知っている。彼らの生存が、頑固なベースキャンプと十分な食糧のストックにかかっているからである。

　男性の側から生じるよくある問題は、結婚した**とたん**、夫が全エネルギーを登山に注いで、結婚、つまりベースキャンプを顧みないことである。彼は休息と元気づけのために戻るとき、いつでもそこが申し分ない状態であるのを期待して、それを維持するための責任を**とろうとしない**。

　同様によくある、伝統的な女性の側からする問題は、一旦結婚すると、人生の目的が達せられたと思い込むことである。彼女**にとっては**、ベースキャンプが山頂なのである。彼女は夫の、結婚以外の仕事やさまざまな経験を求める気持ちを理解することも共感することもできない。それに嫉妬して夫に「もっと家庭のことにエネルギーを注いでくれ」と果てしなく要求する。

　結婚とはまさしく協同的な制度である。それは相互の貢献と配慮、時間とエネルギーを必要とする。その主な目的はお互いが自分自身の精神的成長を目指して自分の旅を続けるのを支えることである。男性、女性のどちらもが前向きに進むだけでなく、ホームベースを大切にしなければならない。

　　　　　　－M・スコット・ペック(M・Scott Peck)『愛と心理療法』の中－

夫婦: 부부

グループワークショップ: 그룹 워크숍, 그룹 모임.

メンバー: 멤버, 회원.

妻: 부인. ↔夫

働き: 일, 역할.

配偶者: 배우자.

関わり: 관련, 관계.

定義: 정의.

根本的: 근본적.

登山: 등산.

際: ~때.

ベースキャンプ: 베이스캠프.

たとえる(하1타): 예를 들다, 비유하다.

登る(5자): 오르다, 올라가다.

ちゃんとした: 꼼꼼한, 틀림없는, 제대로 된.

必要: 필요.

食糧: 식량.

次: 다음.

頂上: 정상.

自指す(5타): 목표로 하다, 노리다, 겨냥 하다.

さらに: 더한층, 더욱 더.

挑む(5자타): 도전하다, 맞서다.

栄養: 영양.

休息: 휴식.

登山家: 등산가.

実際: 실제.

整備: 정비.

費やす(5타): 쓰다, 소비하다, 낭비하다.

生存: 생존.

頑固: 완고.

十分な: 충분한.

ストック: 비축, 저장. stock.

かかる(5자): 관계되다, 의하다.

側: 측, 쪽.

生じる(상1자타): 생기다, 일어나다, 발생 하다. (=生ずる)

エネルギー: 에너지.

注ぐ(5타): (물 등을)붓다, (정신을)집중하 다, 쏟다.

顧みる(상1타): 뒤돌아보다, 돌보다, 염두 에 두다.

元気づける(하1타): 기운을 북돋우다.

戻る(5자): 되돌아가다, 되돌아오다.

申し分ない: 나무랄 데가 없다, 더할 나 위 없다.

状態: 상태.

期待する: 기대하다.

維持: 유지.

責任: 책임.

同様: 마찬가지.

伝統的: 전통적.

一旦: 일단.

達する(サ변격): (어떤 장소, 정도, 상태에) 이르다, 도달하다, 다다르다.

思い込む(5자): 굳게 믿다, 믿어버리다.

別箇: 별개.

縛りつける(하1타): 붙들어매다, 얽어매다.

認識: 인식.

山頂: 산 정상.

さまざまな: 다양한.

経験: 경험.

求める(하1타): 구하다, 요구하다, 찾다.

理解: 이해.

共感: 공감.

嫉妬する: 질투하다.

家庭: 가정.

果てしなく: 끊임없이.

要求: 요구.

まさしく: 틀림없이, 바로.

協同的: 협동적.

制度: 제도.

相互: 상호.

貢献: 공헌.

配慮: 배려.

主な: 주된.

自的: 목적.

精神的: 정신적.

成長: 성장.

旅: 여행.

支える(하1타): 받치다, 지탱하다.

前向き: 적극적이고 긍정적인 태도나 생각.

進む(5자): 나아가다, 전진하다.

ホームベース: 홈베이스.

문형 이해

---

1. ～ことにする: ～하기로 정하다(생각하다).

---

❶ その話は聞かなかったことにしましょう。

그 이야기는 안들은 걸로 합시다.

❷ 来年、休学して日本へ行くことにしました。

내년에 휴학하고 일본에 가기로 했습니다.

❸ 今のカンニングは見なかったことにするが、もう一度したら許さない。

이번 컨닝은 안 본 걸로 하겠지만, 다시한번 하면 용서하지 않겠어.

---

2. 동사 ない형 + ねばならない: ～해야만 한다.

(=동사ない + なければならない)

---

❶ 不義には力を合わせて立ち向かわねばならない。

불의에는 힘을 합쳐 맞서야만 한다.

❷ 計画を立てた以上、最後まで頑張らねばならない。

계획을 세운 이상, 마지막까지 노력해야만 한다.

❸ あら、もうこんな時間、そろそろ帰らなければなりませんね。

어머나, 벌써 시간이 이렇게 되었네. 슬슬 돌아가야겠어요.

❶ ドアを開けたとたん、猫が飛込んできた。

문을 연 순간, 고양이가 뛰어들어 왔다.

❷ 試験終了のベルが鳴ったとたんに教室が騒がしくなりました。

시험 종료 벨이 울리자마자 교실이 소란스러워졌습니다.

❸ 有名になったとたん、彼は彼女のそばを去ってしまった。

유명해지자마자 그는 그녀의 곁을 떠나버렸다.

「동사 과거형 た＋とたん」문형은 말하는 이의 의지적인 동작을 나타
내는 표현이 뒤따를 경우에는 적합하지않다.

私は家に帰ったとたん、お風呂に入った。(×)

→ 私は家に帰るとすぐにお風呂に入った。(○)

나는 집에 돌아오자 곧바로 목욕을 했다.

❶ 明日からダイエットを始めようとします。

내일부터 다이어트를 시작하려고 합니다.

❷ 彼は疲れているのに、全然休もうとしません。

그는 피곤한데도 전혀 쉬려고하지 않습니다.

❸ 父は私がいくら勧めてもたばこをやめようとしない。

아버지는 내가 아무리 권해도 담배를 끊으려고 하지 않는다.

5. ~とって(は): ~에 있어서, ~에 관하여.

❶ それは私にとって興味のある問題です。

그건 제게 있어 흥미있는 문제입니다.

❷ 子供の教育にとっていちばん大切なことは何でしょう。

어린이 교육에 있어 제일 중요한 것은 뭘까요.

❸ 酒造りにとっては、水と米こそ命です。

술만드는데 있어서는 물과 쌀이야말로 생명입니다.

10．勉強の心構え(2)

中谷彰宏

1

　僕は大学生に話をするのがあまり好きではありません。なぜなら、大学生には緊張感がないからです。緊張感のない人間に**いくら**話して**も**何も伝わらないからです。何も吸収できないのです。緊張感がないと、バカ顔になります。緊張感は問題意識から生まれます。

　問題意識を分かりやすく言うと、「このままではヤバイぞ」という危機感です。大学生より予備校生[1]のほうが緊張感があります。予備校生には危機感があるからです。「このまま志望校に受からなかったらどうしよう」というプレッシャーが予備校生に緊張感を与えています。大学生でも卒業が近づくと緊張感が出てきます。「なんとかしなければ」と思ってない人には、何を言ってもだめなのです。

　大学時代にこいつはすごいという怪物に出会ってください。すごいなと思っている人の前に行くと、緊張して一言も話せません。そういう人に会わ

---

1) 予備校生: 大学などの入学試験のための教育をする各種学校に通う人。

なければなりません。そういう人を見つけなければならないのです。そういう人に会ったことがないとしたら、君自身の責任です。相手からやってくるものではありません。

　君は緊張して一言も話せない人に会ったことがありますか。楽な人ばかり会っていてはいけません。楽でない人にも、挑戦してください。子どもの間は身の回りに楽な人ばかりがいます。だれに会っても緊張しないというのは、その人が強いからではありません。楽な人ばかりを選んで会っているだけなのです。緊張するような人を避けているだけなのです。異性なら、あるでしょう。恋愛感情ならだれでも経験するのです。恋愛感情以外で、人にドキドキするという経験をして下さい。緊張感とはドキドキすることです。恋愛以外にドキドキすることを見つける。これが大学時代にしなければならない大事なことの一つです。

2

　海外旅行をして初めて知る世界の広さもあります。できるだけ早いうちに海外にも行って下さい。若者は就職の面接で海外旅行の話をするのが好きです。が、どれも似たり寄ったりの話です。海外旅行で知る世界の広さは、外面的な世界の広さです。世界というのは二つあります。外面的な世界と、内面的な世界です。

　ほとんどの大学生は二つの世界のうち、外面的な世界しか持っていません。外面的な世界と内面的な世界のどちらが広いのでしょうか。圧倒的に外面的な世界より内面的な世界のほうが広いのです。内面的な世界は、孤独にならないと、旅をすることができません。夏目漱石の『三四郎』は少年が大人になる話です。三四郎は熊本から東京に向かう電車のなかで、桃を食べている先生に出会います。先生は三四郎にこんな話をします。「熊本より、東京は広い。東京より日本は広い。日本より世界は広い。世界より…」ちょっとここで間をあけて、「世界より、心のほうが広いでしょう」つまり、田舎より都会が大きいというのは、単に外面的世界の話にすぎません。田舎から都会に出たら、世界が広がったような気がしてしまいます。それでつい自分も成長したような気になってしまうのです。自分はこんなに成長したと錯覚してしまうのです。地方から出てきている人が、帰省するとたいてい都会の自慢話をするのと同じ心理です。

　でも、内面の世界の広さに比べたら、外面的な世界の広さなど、たかがしれている[2]のです。孤独になるというのは内面への旅行なのです。最近ではほとんどの学生が海外旅行を経験しています。ところが、内面の旅行をしたことのない大学生は大勢います。ぜひ、内面への旅行をしてください。そのためには一人になる時間を持つことです。

---

2) たかが知れる: たいしたことはない。程度が分かっている。대수롭지않다, 어느 정도인지 뻔하다, 별것 아니다.

大学生にしなければならないことは何でしょう。それは大学時代にしかできないことをすることです。一生のうちで、大学時代にしかできないこと、それは一人の時間を持つことです。一人になることです。もうこの時期を逃したら、一生一人になることはできません。一人の時間を持つことは、貴重なことなのです。一人になることの貴重さを、残念**ながら**君はまだ気づいていません。

これまでは、親と暮してきた。先生と暮してきた。兄弟と暮してきた。あと何年かして、世の中に出たらもう一生、一人にはなれません。社会に出たら、いやでも一日中、上司と付き合いもしなければなりません。結婚したら、夫婦でいっしょに住むようになります。そのうちに子どもができます。一人の時間はこれがもう最後です。それは必ずしも地方から出てきて一人暮しをしている人だけの話ではありません。たとえ実家から大学に通っている人であっても、大学時代が精神的に唯一、一人になることができる時間なのです。今を逃しては孤独になる時間はないのです。

友だちと話してしまうと、自分と会話しなくなってしまうからです。女子学生は相変わらず、友だちといっしょにトイレに行くような暮しをしています。まるで小学生の生活の延長です。男子学生は女子学生よりもっと友だちと**べたべた**しています。友だちがいると、つい「お茶」をしてしまいます。せっかく孤独になれる時間を「友だちとのお茶」で**みすみす**失ってしまっては、あまりにももったいない。孤独が最大の教師です。孤独にならないと、人間は成長しません。

繁張感: 긴장감.

伝わる(5자): 전해지다, 전해 내려오다.

吸収: 흡수.

バカ顔: 멍청한 얼굴, 바보 얼굴.

やばい: 不都合である、危険である。위험하다.

危機感: 위기감.

予備校生: 일본에서 상급학교의 입학시험 준비를 위한 지도를 하는 교육 시설.

志望: 지망.

受かる(5자): 시험에 합격하다.

プレッシャー(pressure): 프레셔, 정신적인 압박.

与える(하1타): 주다, 공급하다.

近づく(5자): 접근하다, 가까이 다가가다.

怪物: 괴물.

責任: 책임.

挑戦: 도전.

身の囲り: 주변, 신변.

選ぶ(5타): 고르다, 뽑다, 선택하다.

避ける(하1타): 피하다, 멀리하다.

異性: 이성.

ドキドキ: 두근두근.

就職: 취직.

面接: 면접.

似たり寄ったり: 엇비슷함.

外面的: 외면적.

内面的: 내면적.

ほとんど: 거의(부사), 대부분(명사).

圧倒的: 압도적.

孤独: 고독.

旅をする: 여행하다.

向かう(5자): 향하다, 마주보다, 마주대하다.

桃: 복숭아.

間をあける: 사이를 두다, 틈을 들이다.

田舎: 시골.

都会: 도회, 도시.

単に: 단순히.

成長: 성장.

錯覚: 착각.

地方: 지방.

帰省: 귀성.

心理: 심리.

たかがしれる: (어느정도인지) 뻔하다, 대수롭지 않다, 별 것 아니다.

逃す(5타): 놓치다, 놓아주다.

貴重: 귀중.

残念: 애석함, 유감스러움.

嫌だ: 싫다.

一日中: 하루종일.

上司: 상사.

実家: 본가, 생가.

通う(5자): 다니다, 왕래하다, 오가다.

精神的: 정신적.

唯一: 유일.

逃す(5타): 놓치다, 놓아주다.

相変わらず: 변함없이, 여전히.

延長: 연장.

べたべた: 끈적끈적, 찰싹.

みすみす: 눈앞에 뻔히 보고서도.

1. いくら～ても: ～아무리~일지라도, 비록 ～일지라도
(≒たとえ(い)～ても、どんなに～ても)

❶ いくら練習してもうまくならない。
아무리 연습해도 잘 되지않는다.

❷ 彼女はいくら食べても太らない。
그녀는 아무리 먹어도 살이 찌지않는다.

❸ どんなにお金持ちでも愛がなければ幸せだとは言えません。
아무리 부자일지라도 사랑이 없으면 행복하다고는 말할 수 없습니다.

「いくら～ても」「どんなに～ても」와 「たとえ(い)～ても」의 차이.
「いくら～ても」「どんなに～ても」는 이미 일어난 상황을 전제로 한 표현임에 비해, 「たとえ(い)～ても」는 아직 일어나지 않은 상황을 전제로 하는 표현에 사용된다.

いくら読んでも、分からない。(もう何度も読んだが、分からなかった。)
아무리 읽어도 모르겠다.

たとえ読んでも、分からない。(まだ読んでいないが、たぶん分からないだろう。)
설령 읽는다고 해도 모를 것이다.

「いくら～ても」와「どんなに～ても」의 차이.
「いくら～ても」는 '몇 번이나'라고 하는 회수를 비롯해서 '얼마나'라는 정도까지 폭넓게 사용되지만,「どんなに～ても」는 정도에 한정되어 사용된다.

(いくら○/ どんなに✕) 電話しても彼につながらない。
몇 번이나 전화해도 그와 연락이 안된다.

(いくら○/ どんなに○) 苦しくても最後まで頑張ります。
아무리 괴로워도 마지막까지 노력하겠습니다.

2. 명사+ながら: ～인 채로, ～부터 줄곧.
형용사의 연체형, 형용동사의 어간, 동사의 ます형에 접속하여 변화하지 않고 상태가 계속되는 의미를 나타낸다.

❶ この清酒メーカは、昔ながらの製法で日本酒を作っています。
이 청주 메이커는 옛날 그대로의 제조법으로 일본술을 만들고 있습니다.

❷ 彼女は涙ながらに夕べの出来事について語った。
그녀는 눈물지으며 어젯밤의 일에 대해 이야기하였다.

❸ あの子は生まれながらの優れた才能に恵まれている。
저 아이는 태어나면서부터 뛰어난 재능을 지니고 있다.

❹ 残念ながら、これ以上あなたの面倒は見ていられない。
유감이지만 더 이상 당신을 보살펴줄 수 없다.

3. べたべた: 끈적끈적, 찰싹.

❶ 汗で下着がべたべたとくっつく。

땀으로 속옷이 찰싹 들러붙는다.

❷ べたべたという溶けたゴムのような音を立てながらジョギング・シューズで追った。
(村上春樹『世界の終りとハードボイルド・ワンダーランド』)

끈적끈적하게 녹은 고무와 같은 소리를 내며 조깅화를 신고 뒤쫓았다.

❸ 若い男女が人前でべたべたしているのは、ちょっとねえ～。

젊은 남녀가 남들 앞에서 찰싹 붙어있는 건, 조금 보기가 그렇지.

4. みすみす: 뻔히 알면서도, 눈앞에 보고서도.

❶ しっかりしないと、みすみす損をするよ。

정신차리지 않으면 눈앞에 보고서도 손해를 입어요.

❷ 彼はみすみす敵の計略にかかってしまった。

그는 어어 하면서 적의 계략에 걸려버렸다.

❸ あまりにも速かったので、みすみす取り逃がした。

너무나도 빨랐기에 뻔히 보면서 놓쳤다.

11. 「見える」ことの落とし穴

清水邦夫

　トプカプ宮殿[1]の秘宝展を見たいと思っていたが、なかなか時間がとれなくて会場へ足を運ぶことができない。そんな時、テレビの「日曜美術館」で「イスラムの華・トプカプ宮殿秘宝展から」と題して放送されるのを知って、チャンネルを回した。

　イスラム文化についての専門家が二人も解説につき、**至れり尽くせり**の紹介であった。カメラアングルもていねいであり、クローズアップも当を得たものであった。混雑が予想される会場へ直接行くより、もしかしたらきちんと鑑賞できたのではないか。

　しかし、その時**ふと**思った。「こういうことが、これからもっともっと増えていくのではないだろうか」

　こういうこととは、直接会場**なり**現場**なり**に行かないことである。すでに野球やラグビーがそうだ。ぼく個人について言えば、球場へは数回足を運んだことがあるけれども、ラグビーの試合はまだ直接見たことはない。全部テ

---

1) トプカプ宮殿: トルコのイスタンブールにある宮殿。国立博物館になっていて、イスラム教国の多数の文化財が保管されている。トプカピ宮殿ともいう。

レビの中継で堪能してきた。「そんなのは堪能したとは言えない。やはり現場へ行かなくちゃ。臨場感が全く違う」と、よく言われる。**おそらく**そうだろうと思う。しかし内心では、「テレビの中継だってまんざらじゃないよ」2)とつぶやいている。カメラがうまい具合いに試合を切り取ってくれるし、ポイントポイントをクローズアップしてくれる。ある意味では現場へ行くより、" よく見える " ことだってあるのだ。

「日曜美術館」にしても、美術愛好者たちは、「現場を見ない鑑賞なんて、鑑賞とは言えないよ」と、切り捨てるかもしれないが、先に述べたように当を得たクローズアップなどがあり、これも現場で見るよりもっと " よく見えたりする " のだ。

カメラを通したものはニセモノであり、肉眼で見たものがホンモノなのだ、という論はまっとうであり、それはそれで反論する気はないけれども、テレビの機能がこれだけよくなり、これだけ便利になってくると、ニセモノだっていいや、ホンモノとニセモノにいったいどれだけの差があるのだ、とうそぶきたい気分になることも正直言ってしばしばある。

ただ肝心なのは、「見える」ものに対してそれなりの警戒心を働かすことである。われわれは「読む」ということには、けっこう警戒心を持つ。別の言い方をするならば、想像力を働かせながら読み、時には疑う能力を発揮したりする。ところが、「見える」ものには、われわれは**からきし**弱いのである。すぐに信じてしまう癖がある。

いちばん危険なのはテレビのニュース、特にニュースショー3)のニュース

---

2) まんざらじゃない：必ずしも悪くない。반드시 나쁜건 아니다.

だ。アナウンサーが原稿を読んでいるうちはいいが、リポーターがマイクを持って現場へ駆け付ける映像を見たとたん、すっと警戒心を失ってしまい、リポーターのことばをやみくもに信じてしまう。カメラの選択が正しいかどうか疑うこともすっかり忘れ、まさに現場の「真実」をのぞいた気分になる。ここに「見える」ことの落とし穴がある。

　以前、旅番組について書いたことがあるが、角度を変えて言えば、あれは「見える」ことを最大限利用した番組で、視聴者をつい、「現場へ行ったような気分」にさせてしまうのである。グルメ4)番組も同様で、活字ではなかなかそうはいかないけれどもテレビではいとも簡単に、そして恐ろしいことについ「食べた気分」にさせるのだ。

　テレビは、こういった「見える」ことを最大の武器にしたあやふいジャンルなのだ。こうあやふいところを愛し、また油断せずにつきあっていくならば、今後テレビはその不思議な能力をますます増殖させていくだろう。

---

3) ニュースショー: 現場中継、取材報告や関係者の談話などを交えて構成した報道番組。
4) グルメ: 食べ物の味や、作り方に詳しい人。

落とし穴: 함정, 허방다리.

宮殿: 궁전.

秘宝展: 숨은 보물 전시화, 비보전.

足を運ぶ: 발을 옮기다, 발걸음하다.

華: 가장 돋보이는 것, 꽃, 정수, 진수.

題する: 제목을 붙이다.

放送する: 방송하다.

チャンネルを回す: 채널을 돌리다.

専門家: 전문가.

解説: 해설.

至れり尽くせり: 극진함, 더할 나위없음.

ていねい: 주의깊고 세심함, 공들임.

当を得る: 타당하다, 적절하다.

混雑: 혼잡.

鑑賞: 감상.

増える(하1자): 늘다, 불어나다, 증가하다.

中継: 중계.

堪能: 충분히 만족함.

臨場感: 임장감, 현장감.

おそらく: 아마도

つぶやく(5자타): 중얼거리다, 투덜거리다.

具合い: 형편, 사정.

切り取る(5타): 잘라내다, 일부를 떼어내다, 빼앗다.

現場: 현장.

愛好者: 애호가.

述べる(하1타): 말하다, 서술하다.

切り捨てる(하1타): (필요없는 부분을)잘라버리다, 무시하다.

肉眼: 육안.

まっとう: 정당함.

反論する: 반론하다.

ニセモノ: 가짜 물건, 위조품.

ホンモノ: 진짜 물건, 진품.

うそぶく(5자): 시치미를 떼다, 모르는체 딴전을 부리다, 큰소리치다.

正直: 정직.

しばしば 度々、幾度も。 자주, 여러차례.

肝心: 중요함, 요긴함.

けっこう: (부사)꽤, 제법, 상당히(=かなり)

警戒心: 경계심.

働かす(5타): =働かせる。일을 시키다, 움직이다, 작용시키다, 활용하다

疑う(5타):의심하다, 혐의를 두다.

発揮: 발휘.

からきし: =全く、まるっきり、からきり。 (부정의 말이 따름) 도무지, 전혀, 아주.

癖: 습관.

原稿: 원고.

駆け付ける(하1자): 急いでその場所に着

く。부랴부랴(급히)가다.

映像: 영상.

やみくもに: =前後の思慮のないさま、

むやみに、やたらに。닥치는대로, 마구,

맹목적으로.

選択: 선택.

のぞく(5타): 들여다보다, 엿보다.

番組: 프로그램.

角度: 각도.

最大限: 최대한.

視聴者: 시청자.

グルメ(프gourmet): 食べ物の味や、作り

方に詳しい人。미식가, 식도락.

活字: 활자.

いとも: 매우, 아주, 대단히, 지극히.

恐ろしい: 무섭다, 두렵다.

武器: 무기.

あやうい: 위태롭다, 위험하다.

油断: 방심, 부주의.

増殖: 증식.

1. 至れり尽くせり: 극진함, 더할 나위 없음, 빈틈없이

❶ 私は向こうで至れり尽くせりのサービスをしてもらった。

나는 그곳에서 극진한 서비스를 받았다.

❷ 至れり尽くせりの歓迎に、感激してしまう。

더할 나위 없는 환영에 감격해 버리다.

❸ 大統領主催の晩餐会は至れり尽くせりのもてなしであった。

대통령 주최 만찬회는 더할나위없는 접대였다.

2. ふと: 문득, 불현듯, 느닷없이(=思いがけなく)

특별한 이유나 목적도 없이 떠오른 생각이나 계기로 무언가를 하는 모습

을 나타낸다.

❶ 人は死んでしまうとどうなるのだろうなどと妙なことをふと考えた。

사람은 죽어 버리면 어떻게 될까 등등, 뜬금없는 생각이 문득 떠올랐다.

❷ ふと思いついて近所の本屋に寄ってみることにした。

갑자기 생각이 나서 근처 책방에 들러보기로 했다.

❸ 彼は映画の広告を見つけて、ふと立ち止まった。

그는 영화 광고를 발견하고 불현듯 멈춰 섰다.

기본적으로는 같은 그룹에 속한 두 가지를 거론하고 그 중 하나를 선택하는 의미이지만 그 이외의 가능성도 있음을 포함하는 표현이다.

❶ 東京なりソウルなり、好きなところで生活すればいい。
　　동경이든 서울이든 좋은 곳에서 생활하면 된다.

❷ 辞書を引くなり、人に聞くなりして調べておくべきである。
　　사전을 찾거나 남에게 묻거나 해서 조사해 두어야만 한다.

❸ 叱るなり誉めるなり、はっきりした態度をとらなければだめです。
　　야단치든지 칭찬하든지간에 확실한 태도를 취하지 않으면 안됩니다.

「～とか～とか」역시 예시를 나타내는 문형이지만 선택의 의미에는 사용할 수 없다.

お茶なり(×とか)コーヒーなり(×とか)、好きなものをどうぞ。
차나 커피나 좋아하는 것을 드세요.

4. おそらく: 아마도, 필시, 어쩌면.(＝きっと、たぶん)

보통 「～だろう」「～にちがいない」등의 추측표현을 동반하며 거의 확실하다고 판단할 경우에 사용된다.

❶ おそらく彼はそのことを知っているだろう。
　　아마도 그는 그 일을 알고 있을 것이다.

❷ 神経痛の膝がいたいから、明日はおそらく雨でしょう。

신경통인 무릎이 아픈 걸 보니 내일은 아마도 비가 오겠네.

❸ 彼はおそらく来ないだろう。

그는 어쩌면 오지 않을 것 같아.

5. からきし: 도무지, 전혀, 아주(=まったく、まるっきり)

뒤에 부정이나 부정 표현을 동반하여 '전혀～이지않다'는 표현을 강조한다.

주로 사람의 성격이나 성향, 모습을 형용하는 경우에 사용된다.

❶ おれ、水泳はからきしだめなんだ。

나는 수영은 영 할 줄 몰라.

❷ この頃はからきし元気がない。

요즈음은 도무지 기운이 없다.

❸ 彼はからきしお酒はだめで、ビール一杯も飲めない。

그는 전혀 술은 할 줄을 몰라서 맥주 한잔도 못마신다.

12. お金の奴隷

武者小路実篤

1

金銭についてもう少し書いておきたい。

金銭は元来物々交換のために人間が発明したものと思う。もちろん、僕は学者でないから、経済の問題をここで説こうとはおもわない。人間の欲望と金銭の関係をちょっと書いておきたいのだ。

僕たちが仕事をするのは金をとるための場合が多い。金がとりたいから仕事をする人はいくらでもあるだろう。金をとるためでなければ書かないものも金をとるためには書く。金をとるためでなければ雇われたくないものが雇われる。働きたくなくても働く。詐欺のようなことをする人もある。朝から晩まで金をとることを考えている人もある。金のためには人殺しをする者もあり、貞操を売る者もあり、時間を売り、思想を売る人もある。

その金を取る理由は、大部分家族の生活のためである。家族の生活のために主人が働くのは当然のことである。ただ正しい仕事で金がとれないことを残念に思うが、国家で許している仕事で家族の生活のために必要な金のために、働くということは、今の世では当然なことである。そして多くの人はなかなか家族を健康に養うだけの金をとることも困難なので、それらの人が金にガツガツするのは当然すぎる。それは生活のために働くのだ。健康のために働くのだ。第一の条件のために働くので、正しい以上、必要なことだ。

ただ気になることは、一人の人間があまりに機械になってしまって、それ以上のものになれない点だ。金をとるだけが、一生の仕事の人が多すぎて、それもあまりおもしろくない仕事をする人が多い。その結果、人間が生きてたり、働いたりするのは金をとるためだという誤解を招きやすい点だ。その結果、金さえとれればいいということになる。その結果、金を取ったり、金をもうけたりする仕事はどんな仕事でもいい、つまり楽しく金のもうかる仕事をするものが利口だということになる。その結果、百姓の仕事なぞ一番ばかげた仕事になり、相場師とか、贅沢品を扱う者とか、人間の病的欲望を刺激するとか、その他、いろいろ人間の欲望を悪く利用する者が出てくる。元来人間は完全にできていないので、病的になりやすくできている。それをうまく利用して金もうけをする人ができる。また一方、食べないで困る人の弱点をつかんで、少しでももうけを多くするために、過度の労働をさせる人もでてくる。金はいくらもうけても困るということのないものだから、人間の欲望は無限に発達し、またその欲望をうまく利用するものが出てきて、人間をますます病的にして、人間の本来の欲望の健康さを忘れます。

3

　人間の目は美を好めば、健康に必要な着物以上に、人間の極度の好みに**応じた**着物をつくり、着るためより見せるための着物を考え出す。それを美しい人が着るならまだわかるが、その着物と**およそ**不釣り合いな婆さんたちも着るということになる。また男も自分が着たってだれも顧ないような格好の**くせして**、金持ちだということを証明して、金で動く人々に感心してもらおうとしたりする。僕は人間の着物の色彩の美しいことを好むのだが、しかし金をかけることが自慢になるのははばかげている以上、みっともないとおもう。しかしそういう点でも人間はきりがないのだ。このきりのないということは**よしあし**である。健康のために着物を着るのなら、必要の程度は決っている。しかし趣味とか、好みとか、それもまだいいとして金のかかっていることを競争するようになったら、限りがない。またそういう着物を作るために一生を費やす人も出てくる。

　僕は役者とか、特別に美しさをもって一般の人を喜ばす資格のあるものには、特に美しい着物を着る特権を国家で与えてもいいとおもう。しかし普通の人があまり贅沢な風をするのは誉めたことではないとおもう。金がありすぎるということは、その人の利己的な人間であることを示すのだから、あまり自慢にはならないし、他人にまた反感を起こさせることで、いいことだとは言えない。しかしそれは着物ばかりではない。

4

　贅沢をしだしたらきりはないのだ。食物だって健康に必要な程度なら人間の食える量も質もそうたいしたものではない。しかし人間に与えられた味覚を病的に発達させて、美味に飽くことを知らない人間になれば、いくらでも贅沢な食物を考えだし、我らの想像ができない贅沢な食事も人間は作り出すことができるのだ。健康第一で進むことが僕には自然とおもえ、また人間の肉体や精神のためにもそれがいいのだとおもう。

　こういう贅沢はしたくない者にとってはべつに反感を持つほどのことでもなく、むしろ滑稽であったり、珍しかったり、話の種としておもしろいとおもうが、しかし一方、十分に飯さえ食えない者があるのだから、そういう話は反感や不平を起こさせやすいし、それ以上、金というものの魅力を増す力を持っている。

　金がほしい、金持ちになりたい、金さえあればどんなことでもできる。これが現世であり、人間を病的にする大きな原因になっているのだとおもう。性的の欲望なぞは人間は実に強いのだから、美しい芸者なぞを見て、金があればと思う人は少なくないとは言える。かくて、人々は金、金、金にな

り、金となることだけに頭が向いて、その結果、金ができた人はまだいいと
して、金のできない多くの人は、不幸な恵まれない一生を終わることにな
る。

5

　また金をもうけた人は人で、無限に金がほしくなるので、飽くことを知らな
いし、金を使って贅沢な生活をしたり、享楽的な生活をしたりしても、それ
は人間の本来の生命に忠実になったのではないから、ますます心のうちが
空虚になり、大事なことを忘れた生活になり、健康な喜びや安心を得られ
なくなり、金に媚びる人々の虚偽のお世辞にとりまかれ、人間としての値打
ちはますます下落してゆくことになるのだ。
　ただ金があっても、その金をますますよく生かし、人間のためになる事業
をしてゆくよき事業家ならば、金があることは**いちがいに**悪いとはいえない。
　金をもうけたくてしかたがないのに、頭や心がけが悪くて貧乏な人もほめる
わけにはゆかない。大事なのは人間として立派な生活を送ることで、金の有
無ではない。金の有無をもし問題とすればむしろ僕は清貧の人をほめる。
また質素な生活をする人に好意を持つ。しかし貧でいじける人よりは、富ん
でも積極的に何か人間の喜びになり、国民の生活のために働く人を称美
する。一番いけないのはプラスのない人である。マイナスはないが、プラス
もない人間よりは欠点はあっても、長所のある人の方がまだましだ。害のあ

る方は制裁できるが、いい方のない人は、いいところを引っ張り出すことは
困難だから。

　人類はまた長所をとって、短所を捨てることが名人である。しかし金という
ものは魔物であることは確かだ。その奴隷にならないことが大事である。

金銭: 금전.

元来: 원래.

物々交換: 물물교환.

発明: 발명.

学者: 학자.

説く(5타): 설명하다, 설득하다.

雇う(5타): 고용하다, 부리다.

詐欺: 사기.

人殺し: 살인, 또는 살인자.

貞操: 정조.

思想: 사상.

当然: 당연.

許す(5타): 용서하다, 허락하다.

養う(5타): 양육하다, 기르다, 부양하다.

困難: 곤란.

ガツガツ: (마음의 여유 없이 몹시 욕심을 부리는 모양)바득바득, 걸근걸근.

機械: 기계.

誤解: 오해.

招く(5타): 손짓하여 부르다, 불러오다, 초래하다.

もうかる(5자): 벌이가 되다, 덕을 보다, 벌리다.

利口: 영리함, 똑똑함.

百姓: 농부.

なぞ: 따위, 등.(=など)

一番: 제일, 으뜸.

馬鹿げる(하1자): 시시하게 여겨지다, 바보스럽게 느껴지다.

相場師: 투기꾼.

贅沢品: 사치품.

扱う(5타): 다루다, 취급하다.

病的: 병적.

刺激する: 자극하다.

完全に: 완전히.

弱点: 약점.

つかむ(5타): 움켜쥐다, 붙잡다.

過度: 과도.

労働: 노동.

無限: 무한.

好む(5타): 즐기다, 좋아하다.

着物: 옷.

極度: 극도.

応じる: 응하다, 승낙하다, 대답하다.

不釣り合い: 어울리지 않음, 걸맞지 않음.

顧る(상1타): 돌이켜보다, 반성하다.

格好: 꼴, 모습.

証明: 증명.

感心: 감탄함, 놀람.

色彩: 색채.

みっともない: 꼴불견이다, 보기 싫다.

きりがない: 한이 없다.

よしあし: 좋고 나쁨.

競争: 경쟁.

費やす(5타): 소비하다, 탕진하다.

役者: 배우.

喜ばす(5타): 기쁘게 하다.

資格: 자격.

特権: 특권.

普通: 보통.

利己的: 이기적.

他人: 타인.

反感: 반감.

食物: 음식물.

味覚: 미각.

美味: 좋은 맛.

飽く(5자): 만족하다, 싫증나다, 질리다, 물리다.

想像: 상상.

話の種: 이야깃거리.

滑稽: 우스꽝스러움, 해학, 익살.

不平: 불평.

魅力: 매력.

増す(5자): 많아지다, 붇다, 불어나다, 늘다.

現世: 현세.

芸者: 기생.

かくて: 그리하여, 이리하여.

向く(5자): 향하다, 돌리다.

無限: 무한.

享楽的: 향락적.

忠実: 충실.

空虚: 공허.

媚びる(상1자): 아양 떨다, 교태를 부리다, 아첨하다, 알랑거리다.

虚偽: 허위.

お世辞: 아첨말, 입에 발린 말.

とりまく(5타): 둘러싸다, 에워싸다, 포위하다.

値打ち: 값어치.

下落: 하락.

生かす(5타): 살리다.

事業: 사업.

貧乏: 가난, 궁핍.

清貧: 청빈.

質素: 검소함.

好意: 호의.

貧: 가난.

いじける(하1자): 움츠러들다, 위축되다, 주눅 들다.

富む(5자): 부자가 되다, 넉넉해지다.

積極的: 적극적.

称美する: 칭찬하다.

欠点: 결점.

長所: 장점.

制裁: 제재.

引っ張り出す: 끌어내다.

困難: 곤란.

人類: 인류.

短所: 단점.

魔物: 요물, 요괴, 마물.

奴隷: 노예.

1. ～に応<ruby>じて</ruby>: ～에 따라, ～에 응하여.
'상황 변화나 다양성에 맞추어'라는 의미를 갖는다. 명사를 수식할 때는
「～に応じた＋명사」의 형태가 된다.

❶ 状況に応じて戦法を変えなければならない。
상황에 따라 전법을 바꾸어야만 한다.

❷ 物価の変動に応じて給料を上げる。
물가 변동에 따라 급료를 인상한다.

❸ 気候や風土に応じた食文化が育つ。
기후나 풍토에 따른 식문화가 자란다.

「～に応じて」와 비슷한 문형으로는 「～に応(答)えて」가 있다. 단 「～に応じて」는 대응이나 적응을 의미하는 데에 비해, 「～に応えて」는 '기대, 요청, 성원, 은혜에 보답하다'라는 의미로 사용된다.

❶ 健康のためには体力に応じた(×応えた)運動をすることが大切です。
건강을 위해서는 체력에 맞는 운동을 하는 것이 중요하다.

❷ 地元の声援に応えて(×応じて)そのA高校の野球チームは、ついに甲子園出場を果たした。
자기 고장의 성원에 보답하여 그 A고교 야구팀은 드디어 고시엔 출장을 이루었다.

① 国連からの要請に(○応じて/ ○応えて)、政府は救援チームを派遣することにした。

유엔의 요청에 응하여 정부는 구원 팀을 파견하기로 하였다.

② ご予算に(○応じて/ ○応えて) ご予約できますので、遠慮なくお申し付けください。

예산에 따라 예약할 수 있으므로 주저하지 마시고 신청해주세요.

2. およそ: 대략, 대충(명사), 대체로, 일반적으로(부사)

❶ 私の学校には学生がおよそ1,000人います。

우리 학교에는 학생이 대략 천 명 있습니다.

❷ およそ外国語の学習には努力ほど大切なものはありません。

대체로 외국어 학습에는 노력만큼 중요한 건 없습니다.

① 彼はそういう方面にはおよそ能力のない男です。

그는 그런 방면에는 전혀 능력이 없는 남자입니다.

② 何度聞いてもおよそばかばかしい話です。

몇 번 들어도 도무지 터무니없는 이야기입니다.

❶ 分かってもいないくせして、分かったような口を利くな。

알지도 못하는 주제에 아는 듯이 말하지 마라.

❷ 彼は自分ではできないくせに、いつも人のやり方に文句ばかり言う。

그는 자신은 하지도 못하면서 늘 다른 사람의 방법에 불평만 말한다.

❸ あの選手は体が大きいくせして、まったく力がない。

그 선수는 몸집은 큰 주제에 전혀 힘이 없다.

「～くせして(くせに)」와 비슷한 문형으로「～のに」와「～にもかかわらず」가 있는데 이들 쓰임의 차이는 다음과 같다. 즉,「～くせして(くせに)」는 비난, 경멸, 반발의 감정을 강하게 나타내는데 비해「～のに」는 실망, 유감, 불안 등의 감정을 강조한다. 한편「～にもかかわらず」는 보다 객관적인 판단에 의한 표현이라고 할 수 있다.

あいつは金持ちの<u>くせに</u>けちだ。

저 녀석은 부자인 주제에 구두쇠이다. (비난, 경멸)

あいつは金持ちな<u>のに</u>けちだ。

저 녀석은 부자이면서 구두쇠이다. (실망, 유감)

あいつは金持ち<u>にもかかわらず</u>けちだ。

저 녀석은 부자임에도 불구하고 구두쇠이다. (객관적 판단)

4. よしあしだ(である): (좋은 면도 있고 나쁜 면도 있어) 한마디로 단정할 수 없다, 쉽사리 판단할 수 없다.

❶ 正直過ぎるのもよしあしだ。

지나치게 정직한 것도 좋다고만은 할 수 없다.

❷ そんなことを持ち出すのも病人のためによしあしだと考えている。

그런 말을 꺼내는 것도 환자를 위해서는 어떨지 생각하고 있다.

❸ 金持ちなのもよしあしである。

부자인 것도 한마디로 좋다고만은 할 수 없다.

5. いちがいに～ない: 무조건(통틀어)～건 아니다.
후술에 「できない、言えない」등, 가능성을 부정하는 표현을 수반하여 '단순히～라고 할 수는 없다'라는 의미로서 다른 조건이나 상황을 고려할 필요가 있음을 나타낸다.

❶ いちがいに有機野菜が安全だとは言えない。

무조건 유기농 야채가 안전하다고는 말할 수 없다.

❷ 自分の意見をいちがいにみんなに押し付けることはできない。

자신의 의견을 무조건 모두에게 강요할 수는 없다.

❸ 値段の高いものがいちがいに品がいいとは言えない。

가격이 비싼 것이 통틀어서 품질이 좋다고는 할 수 없다.

❶ 風邪気味でちょっと熱があるが、今日は大事な会議があるので会社を休むわけにはいかない。

감기기운으로 조금 열이 있지만 오늘은 중요한 회의가 있어서 회사를 쉴 수는 없다.

❷ 今日は車で来ているのでお酒を飲むわけにはいきません。

오늘은 차로 왔기 때문에 술을 마실 수 없습니다.

❸ この格好で古里へ帰るわけにはいかない。

이런 꼴로 고향에 돌아갈 수는 없다.

「동사ない형+わけにはい(ゆ)かない」는 '~하지 않을 수 없다'의 의미로서 「～しなければならない」 혹은 「～ざるをえない」와 마찬가지로 의무나 필연을 나타낸다.

❶ お医者さんの指示に従って、今日は会社を休まないわけにはいかない。

의사 선생님의 지시에 따라 오늘은 회사를 쉬지 않을 수 없다.

❷ 久しぶりに会ったんだから、いっぱい飲まないわけにはいかないよ。

오랜만에 만났으니 한잔 안 마실 수 없지.

13. お祝いの言葉

藤原審爾

　知人の娘さんが、大学の仲間の男と恋愛しました。知人は自動車の総合修理工場をやっており、その関係会社の家の息子に、娘さんを望まれていたものですから、狼狽えてその恋愛に真っ向から反対しました。近頃の娘さんは勇気がありますから、家出をして自分の気持ちを守ろうとしました。

　一年ほどのちに、親側が翻意して、二人は結婚しましたが、その披露宴の時のことです。知人は男の子とその娘さんと二人しか子どもがないものですから、ずいぶん豪華な披露宴をホテルでやりました。

　さてスピーチが始まり、元大臣だとか知名な財界人などと、**なかなか**達者なスピーチが続きました。例の関係会社の社長も来ていて、自分の息子が彼女にふられてまことに無念だったと笑わせたり、わりとレベルの高い雰囲気でした。

　しかし、しょせんは祝辞なのですから、達者な含蓄のある言葉も、洒脱な言い回し方も、美しく飾った言葉も、もう一つ心に響きません。まあ、これは要するに披露宴なのですから、柔らかく温かく新婦新郎の心を包むことが、客の好意というものでしょう。二人に立ち入らないで、二人の自由な印象を作らせるのでしょう。

　ところが、そういう祝辞の最後に、司会の人から、M自動車修理工場の方から一言お祝いの言葉を、という指名があって、瞬間ざわめきが起こりました。その工場で新婦は家出後一年半働いていたのです。

　工場の連中は、20歳くらいの若者で、隅のほうに二人、背広で腰かけていました。華やかな礼服ばかりの中で、二人だけが背広でしたから、気詰りな思いをしていたのでしょう。そこを突然指名されたものですから、二人は慌てて譲り合いました。結局、小柄な若者のほうが、立ち上がりましたが、あがってしまい[1]、**もじもじして、さっぱりさまになりません**[2]。つかの間、しかし彼は自分がしなければならぬことを悟ったようになり、しゃんと胸を張った**と思うと**、全身でぶつかっていくような感じの声で、

　「加世ちゃん、よかったなあ」

と、叫ぶように言いました。あとで分かったのですが、家出した夜、加世ちゃんは桜上水のほとりで、ぼんやり流れを見下ろしていた時、この若者たちに助けられたそうです。

　立ち上がった若者は、汗びっしょりで、もう一声、叫びました。
　「遊びに来てくれよな、忘れずにな」

　それでどしんと彼は腰かけました。ほとんど同時にものすごい拍手が沸き上がりました。新婦が泣き出し、新郎がハンカチを渡しています。こういう言葉を越えたところで、言葉の美しさは保証されるようですね。

---

1) あがってしまう: 흥분해버리다, 상기되어버리다, 긴장해버리다.
2) さまにならない: 모양새가 말이 아니다, 제대로 갖추어 있지 않다.

知人（ちじん）: 지인.

仲間（なかま）: 동료.

総合修理工場（そうごうしゅうりこうじょう）: 종합수리공장.

望む（のぞむ）(5타): 바라다, 희망하다.

狼狽える（うろたえる）(하1자): 당황하다, 갈팡질팡하다.

真っ向（まっこう）: 바로 정면, 대놓고.

近頃（ちかごろ）: この頃（ごろ）、最近（さいきん）。요즈음

勇気（ゆうき）: 용기.

家出（いえで）: 가출.

翻意（ほんい）: 결심을 바꿈.

披露宴（ひろうえん）: 피로연.

豪華（ごうか）: 호화.

大臣（だいじん）: 대신.

知名（ちめい）: 이름이 알려짐.

財界人（ざいかいじん）: 재계인.

達者（たっしゃ）: (어떤 분야에)숙달되어있는 모양, 능숙한 모양, 야무짐.

ふられる(하1자): 거절당하다, (이성에게) 퇴짜맞다.

無念（むねん）: 분함, 억울함.

わりと: 비교적, 상당히.

雰囲気（ふんいき）: 분위기.

しょせん: 결국, 필경, 어차피.

祝辞（しゅくじ）: 축사.

含蓄（がんちく）: 함축.

洒脱（しゃだつ）: 수수하고, 소탈함.

言い回し（いいまわし）: 말솜씨, 말주변, 말 표현.

響く（ひびく）(5자): 울리다, 울려퍼지다.

飾る（かざる）(5타): 치장하다, 꾸미다.

要するに（ようするに）: つまり。요컨대, 결국.

柔らかい（やわらかい）: 부드럽다.

新婦新郎（しんぷしんろう）: 신랑신부.

包む（つつむ）(5타): 싸다, 품다, 감싸다.

好意（こうい）: 호의.

立ち入る（たちいる）(5자): 안으로 들어가다, (문제의 핵심에)파고들다, (남의 일에) 개입하다.

印象（いんしょう）: 인상.

祝辞（しゅくじ）: 축사.

司会（しかい）: 사회.

お祝い（おいわい）: 축하.

指名（しめい）: 지명.

瞬間（しゅんかん）: 순간.

ざわめき: 수런거림, 웅성거림.

連中（れんちゅう）: 동료.

隅（すみ）: 구석.

背広（せびろ）: 양복.

腰かける（こしかける）: 앉다.

華やかな: 화려한.

礼服: 예복.

気詰り: 마음이 쓰여 거북함, 답답함.

突然: 돌연히, 갑자기.

慌てる(하1자): 당황하다, 허둥거리다.

譲り合う(5타): 서로 양보하다.

結局: 결국.

小柄: 몸집이 작음.

立ち上がる(5자): (자리 등에서)일어나다.

さっぱり: 全然、全く。전혀.

さまになる: 모양새가 갖추어지다, 제대로 되다.

つかの間: 잠깐 사이, 짧은 시간.

悟る(5자타): 깨닫다, 알아채다.

しゃんと: (자세가 바른 모양)꼿꼿이, 단정히.

胸を張る: 가슴을 펴다.

全身: 전신.

ぶつかる(5자): 부딪치다, 맞붙다.

叫ぶ(5자): 외치다, 소리 지르다.

ほとり: 근처, 부근.

ぼんやり: 멍청히, 우두커니, 망연히.

見下ろす(5타): 내려다보다, 굽어보다.

汗びっしょり: 흠뻑 땀에 젖다.

一声: 한 소리

どしんと: (묵직한 것이 쓰러지거나 부딪치는 모양)쿵, 털썩.

拍手: 박수.

沸き上がる(5자): 끓어 오르다, 터져 나오다.

泣き出す(5자): 울기 시작하다, 울음을 터뜨리다.

渡す(5타): 건네다, 넘기다.

越える(하1자): 넘다, (어떤 기준을)초과하다.

保証: 보증.

1. さて: 자, 이제, 그건 그렇고, 그런데, 한편.
화제를 바꾸거나 다음 행동으로 옮기려 할 때 쓰이는 접속사.

❶ さて、そろそろ行こうか。
　자, 슬슬 갈까.

❷ 韓国語と語順が同じだからやさしいだろうと思って日本語を勉強することにし
　たが、さて始めてみると、これがなかなか難しい。
　한국어와 어순이 같아서 쉬울거라고 생각하고 일본어를 공부하기로 했지만, 그
　건 그렇고 시작해보니 이게 꽤 어렵다.

❸ さて、話は変わりますが、…。
　한편, 이야기는 바뀝니다만….

2. なかなか: 꽤, 상당히(긍정문)/ 좀처럼(부정문)

❶ A: ここの料理、なかなかだろう?
　　　여기 요리, 꽤 괜찮지?
　B: ほんと、おいしいわね。
　　　정말. 맛있네.

❷ この小説、なかなか面白いよ。
　이 소설, 상당히 재미있어.

❸ もう時間なのに彼、なかなか来ないね。どうしたんだろう。

　벌써 시간이 다 되었는데 그 사람, 좀처럼 안오네. 어떻게 된 거지.

❹ 教えられた通りやったにもかかわらず、なかなかうまくできないんです。

　배운대로 했음에도 불구하고 좀처럼 잘 되지않습니다.

3. もじもじ: 머뭇머뭇, 주저주저.

수줍어하거나 자신이 없어 행동이나 발언을 망설이는 모양을 나타내는
의태어.

❶ もじもじしないで、はやく来い。

　머뭇거리지말고 빨리 와.

❷ 彼はもう帰りたくてもじもじしていた。

　그는 그만 돌아가고 싶어서 머뭇머뭇했다.

❸ もじもじとしてなかなか返事をしない。

　망설이면서 좀처럼 대답을 하지않는다.

4. 동사 과거형た + と思うと: ～하자마자, ～하는가 싶더니.
(=～たと思えば、～たと思ったら)

두 가지 사항이 거의 동시에 잇달아 일어나는 상황을 표현한다.

❶ 先まで泣いていたと思うと、もう笑っている。

　조금 전까지 울고 있는가 싶더니 벌써 웃고 있다.

❷ 急に空が暗くなったかと思うと、雨が降ってきた。

갑자기 하늘이 어두워지는가 싶더니 비가 내리기 시작했다.

❸ やっと涼しくなったかと思ったら、今日は蒸し暑くてまるで夏に戻ったみたい。

간신히 서늘해지는가 싶더니 오늘은 후덥지근한 게 마치 여름으로 돌아간 것 같다.

단, 이 문형은 말하는 사람 본인의 행위에 대해서는 사용할 수 없다.

私は、うちに帰ったと思うとまた出かけた。(✕)
→私は、うちに帰って、またすぐに出かけた。(○)
나는 집에 돌아와서는 다시 곧 외출하였다.

14. 21世紀のおそろしさ

森本哲郎

　もうかなり前のことだが、画家の藤田吉香氏とスペインを旅したことがある。その時、私が意外に思ったのは、彼がカメラを持たず、どんな場所へ行っても記念撮影にさえ全く関心を示さないことだった。反対に私は、ちょっとでも面白いと思った風景に立ち会うと、**やたらに**カメラのシャッターを押した。

　そんな私を見て、彼は不思議そうに、「どうしてそんなに写真を撮るのかね」と聞いた。「どうして君は写真を撮らないんだ」と私は反問した。画家なら私以上にいろいろな風景を撮っておきたくなるのではないかと思ったのだ。すると彼はこう言った。

　「いい景色があったら、覚えておけばいいじゃないか」

　「覚えとけって、そういちいち覚えきれるもんじゃない。**せっかく**こうして旅に出たんだから、**せめて**記念にフィルムに収めておかなくちゃ」

　「それは君がまじめに風景を見てないからだ。本気で一所懸命に見れば忘れるもんじゃない」と藤田氏は言い、「カメラという便利な機械があると、つい、それに頼って人間は対象を見つめなくなるんだな」とつぶやいた。「で、そんなにたくさん写真を撮って、君は帰ってからその写真をじっくりと見たことがあるのかい」

　そう言われて、私はギクとした。[1]　何十本、時には一回の旅で百本以上のフィルムにさまざまな風景を収めながら、実をいうと、私はそのほとんどを見たことがないのだ。なるほど、藤田氏の言うとおりである。カメラに頼れば、無意識のうちに風景を真剣に見つめなくなる。人生は日々、一期一会[2]である。その心構えがしだいに薄れて、人生を漠然とした安心感だけで**やり過ごしかねなくなる**。私はいたく反省した。だが、こうした人間の易きにつく本性について、すでに二千年以上も前に荘子がちゃんと警告しているものである。彼はこう言っているのだ。「機械あれば必ず機事あり、機事あれば必ず機心あり」すなわち、機械を使うと必ず機械に依存する仕事が増える。仕事が増えれば、いよいよ機械に頼らなければならなくなる。するとやがて必ず機械に頼る心が生じ、それが健康な人生の営みを損ね、「道」からいよいよ遠のいてしまうというのだ。

　だからといって、私は機械を無用**だの**、悪**だの**、というつもりはない。それどころか、現代の生活に機械がどれほど貢献しているか、私たちが機械の恩恵をどれほどこうむっているか[3]、私は身にしみて感じている。問題はどのように機械を使うか、いかにして機心を戒め、人間らしい充実感を持って生きることができるか、ということなのである。

　私がいまさらのようにこんなことを反省するのも、実は20世紀がまさしく、

---

1) ギクとした：움찔했다，＝ギクリとした。

2) 一期一会：生涯にただ一度まみえること，一生に一度限りであること。일생에 한번뿐인 만남.

3) 恩恵をこうむる：은혜를 입다

″機械の世紀″であり、21世紀はさらに″機械万能の世紀″になることが確実だからだ。そして機事はいよいよ増え、それとともに機心がますます増大してゆくことを憂えるゆえである。複写幾は大切な文章を書き写すという作業を無用なものにしてしまった。コンピューターは記憶の容量を一挙に拡大し、それを一枚のフロッピーに簡単に保存してくれるようになった。それは確かに偉大な技術の進歩である。

　だが、人間の本質とは記憶で成り立っているのだ。人生とは記憶の集積なのである。そのように貴重な記憶のすべてを機械に譲り渡してしまったなら、人間にいったい何が残るだろうか。記憶など必要としない人々の群れ、それは歴史を失った人間であり、ただ現在だけを条件反射的に、あるいは要領よく生きる人たちと言っていい。20世紀のおそろしさ、そして、21世紀の何よりの不気味さは、そのような、″ポストモダン″人を着々と生み出していることにあると私は思う。

画家(がか): 화가.

旅(たび)する: 여행하다.

撮影(さつえい): 촬영.

関心(かんしん)を示(しめ)す: 관심을 보이다.

やたらに: むやみに。 함부로, 무턱대고.

写真(しゃしん)を撮(と)る: 사진을 찍다.

反問(はんもん)する: 반문하다.

風景(ふうけい): 풍경.

景色(けしき): 경치.

いちいち: 일일이. 하나하나, 모두.

せっかく: 모처럼, 애써.

本気(ほんき)で: 진심으로, 본심으로.

頼(たよ)る(5자): 의지하다, 믿다.

対象(たいしょう): 대상.

見(み)つめる(하1타): 응시하다, 주시하다.

つぶやく(5자): ぶつぶつと小声(こごえ)で言(い)う。 중얼거리다, 투덜거리다.

じっくりと: 시간을 들여 꼼꼼하게 하는 모양, 차분하게, 여유 있게.

ギクとする: 움찔하다, 깜짝 놀라다.

さまざまな: 다양한.

収(おさ)める(하1타): 넣다, 챙기다, 담다, 받다.

実(じつ)を言(い)うと: 사실을 말하면.

ほとんど: 거의, 대부분.

無意識(むいしき): 무의식.

真剣(しんけん)に: 진심으로, 진지하게.

一期一会(いちごいちえ): 生涯(しょうがい)にただ一度(いちど)まみえること, 一生(いっしょう)に一度(いちど)限(かぎ)りであること。 일생에 한번뿐인 만남.

心構(こころがま)え: 마음자세, 마음가짐.

しだいに: 徐々(じょじょ)に。 점차로.

薄(うす)れる(상1자): 엷어지다, 약해지다, 희미해지다.

漠然(ばくぜん)とした: 막연한.

やり過(す)ごす(5타): 지나가게 내버려두다, (뒤에서 오는 사람을)앞서 가게 하다.

いたく: (부사) 몹시, 매우. (=ひどく, 大変)

反省(はんせい): 반성.

易(やす)き: 쉬움, 용이.

本性(ほんしょう): 본성.

荘子(そうし): 장자.

警告(けいこく): 경고.

依存(いぞん)する: 의존하다.

いよいよ: ますます。 더욱 더, 점점.

やがて: まもなく、そのうちに。 이윽고, 머지않아, 얼마 안 있어.

生(しょう)じる(상1자타): =生(しょう)ずる。 생기다, 발생하다.

営み: 영위.

損ねる(하1타): =損なう。 파손하다, 망가

뜨리다, (기분, 건강, 성질 등을)상하게 하다.

遠のく(5자): 멀어지다, 멀리 물러나다.

だからといって: 그렇다고 해서.

無用: 무용, 쓸데없음.

貢献: 공헌.

恩恵をこうむる: 은혜를 입다.

身にしみる: 마음속 깊이 느끼다, 절실하

게 느끼다.

いかにして: 어떻게해서.

戒める(하1타): 훈계하다, 경고하다.

充実感: 충실감.

いまさら: 새삼스럽게, 이제 새삼.

まさしく: 실로, 참으로.

世紀: 세기.

さらに: 나아가, 더욱.

機械万能: 기계만능.

確実: 확실.

増大: 증대.

憂える(하1타): 걱정하다, 우려하다, 한탄

하다.

ゆえ: 까닭, 이유.

複写機: 복사기.

書き写す: 베껴쓰다, 모사하다.

作業: 작업.

容量: 용량.

一挙に: 일거에, 단숨에, 단번에.

拡大: 확대.

確かに: 확실히.

偉大: 위대.

技術: 기술.

進歩: 진보.

成り立つ(5자): 이루어지다, 성립되다.

集積: 집적. 모여서 쌓임.

貴重: 귀중.

譲り渡す(5타): 물려주다, 양도하다.

いったい: 도대체.

群れ: 무리.

条件反射的: 조건반사적.

要領: 요령.

不気味: 어쩐지 불안함, 어쩐지 무서움

(오스스함).

着々: 착착.

문형 이해

1. やたらに: (정도가 심하거나 질서가 없는 모습)함부로, 무턱대고, 마구, 몹시(＝やたらと, むやみに)

❶ 今日はやたらに忙しい一日だった。
오늘은 몹시 바쁜 하루였다.

❷ 最近やたらにのどが乾く。なにか病気かも知れない。
최근에는 몹시 목이 마르네. 뭔가 병인지도 몰라.

❸ 今年の夏はやたらに雨が多かった。
올 여름은 정말 비가 많이 내렸다.

❹ 彼女はやたらに食器を買い込むくせがある。
그녀는 무턱대고 식기를 사들이는 버릇이 있다.

2. せっかく: 모처럼, 애써.
어떤 사항이 말하는 이에게 있어 상당히 가치가 있음을 표명하는 모습을 나타낸다. 보통은 「せっかく~から」, 「せっかく~のに」처럼 원인이나 역접의 문맥이 이어진다.

❶ せっかく来たのだから夕飯を食べて行きなさい。
모처럼 왔으니 저녁 먹고 가.

❷ せっかくおしゃれをしたのだから、どこかいいレストランへ行きましょう。
애써 차려 입었으니까 어딘가 좋은 레스토랑에 갑시다.

❸ せっかくいい天気なのに、かぜをひいてどこにも行けない。

모처럼 날씨가 좋은데 감기에 걸려 아무데도 갈수 없다.

❹ せっかくの努力が水の泡になってしまった。

모처럼 애쓴 노력이 물거품이 되어버렸다.

❶ 彼に会えなくてもせめて声だけでも聞きたい。

그를 만날 수 없더라도 하다못해 목소리만이라도 듣고 싶다.

❷ 小さくてもいい。せめて庭のある家に住みたい。

작아도 좋다. 적어도 정원 있는 집에서 살고 싶다.

❸ せめてあと三日あれば、もうちょっといい作品がだせるのだが。

아쉬운 대로 앞으로 3일만 더 있으면 좀 더 좋은 작품을 낼 수 있는데.

❹ 夏はせめて一週間ぐらい休みがほしい。

여름에는 하다못해 일주일정도 휴가였으면 좋겠다.

❶ 残念ながら、そのご意見には賛成しかねます。

유감이지만, 그 의견에는 찬성하기 어렵습니다.

❷ 君は彼を信じきっているようだが、私は彼ならあんなひどいことをやりかねない
と思う。

자네는 그를 철석 같이 믿고 있는 것 같지만, 나는 그라면 그런 못된 일을 할

수도 있다고 생각하네.

❸ 政府の今回の決定はいくつかの問題点もあり、国民の反発を招きかねない。

정부의 이번 결정은 몇 가지 문제점도 있어 국민의 반발을 사기 쉽다.

❹ 今回の洪水は二次災害を引き起こしかねないものであり、対策を急がなけれ
ばならない。

이번 홍수는 이차 재해를 불러일으킬 위험성이 있어 대책을 서둘러야만 한다.

「～かねない」は 意味上、「～かもしれない」「～ないとは言えない」と
가까우나, 말하는 이가 부정적인 평가를 내릴 때에만 사용한다.

① 私の子どものこの病気は治りかねない。(×)
우리 아이의 이 병은 낫기 쉽다.

② 私の子どものこの病気は治るかもしれない。(○)
우리 아이의 이 병은 나을지도 모른다.

5. だからといって: 그렇다고 해서

앞의 진술을 일정부분 인정하지만 그렇다고 뒤의 진술을 그대로 수용하지
는 않는다는 뜻을 나타낸다. 부정 표현을 동반하는 경우가 많다.

❶ 私は彼が好きです。だからといって、彼のすることは何でもいいと思っている
わけではありません。

나는 그를 좋아합니다. 그렇다고 해서 그가 하는 일은 뭐든지 좋다고 생각하는
건 아닙니다.

❷ 確かにあの会社は待遇がいい。しかしだからと言って10年以上も働いている
ここを辞めるつもりはない。

확실히 그 회사는 대우가 좋다. 그러나 그렇다고 해서 10년 이상이나 일하고 있는
이곳을 그만둘 생각은 없다.

❸ 毎日忙しい。しかしだからと言って自分のすべき仕事を人にやらせるのはず
るい。

매일 바쁘다. 그러나 그렇다고 해서 자신이 해야만 할 일을 남에게 시키는 건
뻔뻔하다.

❹ 今この店で買うと50パーセント引きだそうだ。だからといって、要らないものを
買う必要はない。

지금 이 가게에서 사면 50% 깎아 준다고 한다. 그렇다고 해서 쓸 데 없는 것을
살 필요는 없다.

6. ～だの、～だの:～라는 둥, ～라는 둥.(=～とか、～とか、～やら)

「～やら」「～とか」와 같이 여러 가지를 열거하는 의미인데 때로는 '여러 가지 말이 많아 시끄럽다'라는 부정적인 뜻을 나타내기도 한다.

❶ 彼女は市場に出かけると、肉だの野菜だの持ちきれないほど買ってきた。

그녀는 시장에 가면 고기나 야채 등을 다 가지고 올수 없을 만큼 사왔다.

❷ 同窓会には中村だの池田だの、20年ぶりのなつかしい顔がそろった。

동창회에는 나카무라나 이케다 등, 20년 만에 그리운 얼굴들이 모두 모였다.

❸ 彼は給料が安いだの休みが少ないだのと文句が多い。

그는 급여가 낮다는 둥 휴일이 적다는 둥, 불평이 많다.

❹ あの人はいつ会っても会社を辞めて留学するだのなんだのと実現不可能なことばかり言っている。

저 사람은 언제 만나도 회사를 그만두고 유학 간다는 둥 어쩐다는 둥, 실현 불가능한 일만 말하고 있다.

15. 字のないはがき

向田邦子

1

死んだ父は筆まめな人であった。私が女学校1年ではじめて親元を離れたとき、3日にあげず[1]手紙をよこした。当時、保険会社の支店長をしていたが、一点一画もおろそかにしない大ぶりの筆で、「向田邦子殿」と書かれた表書きを初めて見たときは、ひどくびっくりした。父が娘あての手紙に「殿」を使うのは当然なのだが、つい4、5日前まで、「おい、邦子！」と呼び捨てにされ、「ばかやろう！」の罵声やげんこつは日常のことであったから、突然の変りように、こそばゆいような、はれがましいような気分になったのであろう。

文中、私を貴女と呼び、「貴女の学歴では難しい漢字もあるが、勉強になるからまめに字引をひくように」という訓戒も添えられていた。暴君であったが、反面照れ性でもあった父は、他人行儀[2]という形でしか13歳の娘に

---

1) 3日にあげず: 사흘이 멀다하고

2) 他人行儀: 친한 사이인데도 남남처럼 서먹서먹하게 대함.

手紙が書けなかったのであろう。**もしかしたら**、日頃、気恥かしくて演じられない父親を、手紙の中でやってみたのかもしれない。手紙は1日に2通来ることもあり、1学期の別居期間にかなりの数になった。私は輪ゴムで束ね、しばらく保存していたのだが、いつとはなしにどこかへいってしまった。父は64歳で亡くなったから、この手紙のあと、かれこれ30年付き合ったことになるが、優しい父の姿を見せたのは、この手紙の中だけである。

2

　この手紙もなつかしいが、もっとも心に残るものと言われれば、父があて名を書き、妹が「文面」を書いた、あのハガキということになろう。

　終戦の年の4月、小学校1年の末の妹が甲府に学童疎開[3]をすることになった。すでに前の年の秋、同じ小学校に通っていた上の妹は疎開をしていたが、下の妹は**あまりに**幼く不敏だという**ので**、両親が手放さなかったのである。ところが、3月10日の東京大空襲で、家**こそ**焼け残った**ものの**命からがらの目にあい、このまま一家全滅するよりは、と心を決めたらしい。

　妹の出発が決まると、暗幕[4]を垂らした暗い電灯の下で母は当時貴重品になっていたキャラコ[5]で肌着を縫って名札をつけ、父はおびただしいハガ

---

3) 学童疎開: 太平洋戦争の末期に、戦争の災害を避けるため、大都市の小学生を集団的、または個人的に地方都市や農村へ移住させたこと。아동 소개.

4) 暗幕: 室内を暗くするために、外部の光線が入らないように出入り口や窓に張る黒い幕。암막.

5) キャラコ(calico): 옥양목(빛이 희고 얇은 고운 무명).

キにきちょうめんな筆で自分あてのあて名を書いた。

「元気な日は○を書いて、毎日1枚ずつポストに入れなさい」と言って聞かせた。妹は、まだ字が書けなかった。あて名だけ書かれたかさ高なハガキの束をリュックサックに入れ、雑炊[6]用のドンブリを抱えて、妹は遠足にでも行くようにはしゃいで出かけていった。

1週間ほどで、初めてのハガキが着いた。紙いっぱいはみ出すほどの、威勢のいい赤鉛筆の大マルである。付き添って行った人の話では、地元婦人会が赤飯やぼた餅を振る舞って歓迎してくださったとかで、かぼちゃの茎まで食べていた東京に比べれば大マルにちがいなかった。

ところが、次の日からマルは急激に小さくなっていた。情けない黒鉛筆の小マルは、ついに×に変った。そのころ、少し離れた所に疎開していた上の妹が、下の妹に会いに行った。下の妹は、校舎の壁に寄りかかって梅干しのたねをしゃぶっていたが、姉の姿を見ると、たねをぺっと吐き出して泣いたそうだ。

3

まもなく×のハガキも来なくなった。三月目に母が迎えに行った時、百日咳[7]をわずらっていた妹は、しらみだらけの頭で三畳の布団部屋に寝かさ

---

6) 雑炊：食料不足のために、芋や大根などを混ぜて炊いた薄いかゆ。

7) 百日咳：백일해(백일해균으로 일어나는 어린이의 호흡기 전염병).

れていたという。

　妹が帰ってくる日、私と弟は家庭菜園のかぼちゃを全部収穫した。小さいのに手をつけるとしかる父も、この日は何も言わなかった。私と弟は、一抱えもある大物からてのひらに載るうらなりまで、20数個のかぼちゃを一列に客間に並べた。これぐらいしか妹を喜ばせる方法がなかったのだ。

　夜遅く、出窓で見張っていた弟が、「帰ってきたよ！」と叫んだ。茶の間に座っていた父は、はだしで表へ飛び出した。放火用水桶の前で、やせた妹の肩を抱き、声を上げて泣いた。私は父が、大人の男が声を立てて泣くのを初めて見た。

　あれから31年。父は亡くなり、妹も当時の父に近い年になった。だが、あの字のないハガキは、だれがどこにしまったのか**それとも**なくなったのか、私は一度も見ていない。

筆まめ: (귀찮아하지 않고)편지나 글을 부지런히 씀, 또는 그런 사람↔筆不精

親元: 부모님 곁.

手紙をよこす: 편지를 보내오다.

保険会社: 보험회사.

支店長: 지점장.

一点一画: 한 점 한 획.

おろそか: 소홀함, 등한함, 적당히 함.

大ぶり: 크게 휘두름.

殿: 님, 씨, 귀하.

表書き: 편지 겉봉에 쓴 주소나 성명.

あて: (사람이나 단체 등의 명사에 붙어) ~앞.

つい: (시간이나 거리적으로)조금, 바로.

呼び捨て: 경칭을 붙이지 않고 성이나 이름만을 부름.

罵声: (큰소리로)욕하는 소리.

げんこつ: 주먹. 변하여 꿀밤을 먹이는 일.

変りよう: 변화 정도, 변화된 모습.

こそばゆい: 照れくさい。 간지럽다, 쑥스럽다.

はれがましい: 영광스럽다, 명예롭다, 으쓱하다.

学歴: 학력.

まめに: まじめに。 열심히, 성실히.

字引を引く: 사전을 찾다.

訓戒: 훈계.

添える(하1타): 첨부하다, 곁들이다.

暴君: 폭군.

反面: 반면.

照れ性: 수줍음을 잘 타는 성질.

他人行儀: (친한 사이인데도) 남남처럼 서먹서먹하게 대함.

白頃: 평소에.

気恥かしい: 어쩐지 부끄럽다, 멋쩍다, 어색하다.

演じる(상1타): 연기하다.

別居: 별거.

輪ゴム: 고무줄.

束ねる(하1타): 묶다, 다발을 짓다.

保存: 보존.

いつとはなしに: 어느 사이에, 언제인지 모르게.

かれこれ: 이럭저럭.

あて名: (우편물, 서류 등에 쓰는)상대편의 이름, 또는 주소.

文面: 문장이나 편지에 나타나 있는 내용.

終戦: 종전.

学童疎開: 학동 소개.

幼い: 어리다.

不憫: かわいそう。 불쌍함.

手放す(5타):손에서 놓다, 자식 등을 곁에서 멀리 떠나보내다, 떼어놓다.

東京大空襲: 동경 대공습.

焼け残る(5자): 불에 타지 않고 남다, 화재를 모면하다.

命からがら: 겨우 목숨을 부지하고, 간신히, 가까스로.

目にあう: (어떠한 사정이나 상황에) 직면하다, 당하다.

一家: 일가.

全滅: 전멸.

暗幕を垂らす: 암막을 드리우다.

電灯: 전등.

貴重品: 귀중품.

キャラコ: 옥양목.

肌着: 내의.

縫う: 바느질하다, 꿰매다.

名札: 명찰, 이름표.

おびただしい: 非常に多い、大きい。 엄청나다, (수량이) 굉장히 많다.

きちょうめん: 꼼꼼하고 규칙적임.

かさ高: (무게에 비해)부피가 큼.

雑炊用のドンブリ: 죽을 담는 사발.

抱える(하1타): 안다, 껴안다, 감싸다.

遠足: 소풍.

はしゃぐ(5자): 들떠서 (신이 나서)떠들다.

はみ出す(5자): 비어져 나오다, 불거져나오다, 초과하다.

威勢: 위세, 기운.

付き添う(5자): 따라가다, 시중들다.

地元: 그 고장.

赤飯: 팥밥.

ぼた餅: (찹쌀과 멥쌀을 섞어 만든)경단.

振る舞う(5타): 대접하다, 향응하다.

歓迎: 환영.

かぼちゃ: 단 호박.

茎: 줄기, 대.

比べる(하1타): 비교하다, 견주다.

急激: 급격.

情けない: 한심하다, 딱하다, 비참하다.

校舎: 학교 건물, 교사.

壁: 벽.

寄りかかる(5자): 기대다, 의지하다.

梅干し: 매실 장아찌.

しゃぶる(5타): 입에 넣고 핥다.

ぺっと吐き出す: 캑하고 뱉어내다.

百日咳: 백일해(병명)

わずらう(5자타): 앓다, 병이 나다.

しらみ: 이.

寝かす(5타): 재우다, 누이다.

家庭菜園: 채마밭, 텃밭.

収穫する: 수확하다.

叱る(5타): 꾸짖다, 나무라다.

一抱え: 한 아름.

大物: 큰 것.

載る(5자): 위에 놓이다, 실리다.

うらなり: (오이, 호박 등의)끝물.

一列に: 일렬로.

客間: 객실, 응접실.

出窓: 벽면 밖으로 튀어나온 창.

見張る(5타): 망보다, 지키다.

茶の間: 거실.

はだし: 맨발.

表: 현관.

飛び出す(5자): 뛰어나가다.

放火用水桶: 방화용 물통.

抱く(5타): 안다, 끌어안다.

1. つい: (시간, 거리) 조금, 바로(=すぐ、じきに) /

　　　 무심코, 그만, 어느덧. (=うっかり、思わず)

❶ あの有名な俳優がついさっき目の前を通っていった。

그 유명한 배우가 방금 전 눈앞으로 지나갔다.

❷ 人々はつい最近まで携帯電話なしでも何の不自由なく生活していた。

사람들은 불과 얼마 전까지 휴대전화 없이도 아무런 불편 없이 생활하고 있었다.

❸ 太ると分かっていながら、あまりおいしそうなケーキだったので、つい食べてしまった。

살찔 걸 알고 있으면서 너무나도 맛있어 보이는 케이크였기에 그만 먹어버렸다.

❹ 友だちとのおしゃべりが楽しくて、つい帰りがおそくなってしまった。

친구들과의 수다가 즐거워서 그만 귀가가 늦어져버렸다.

2. もしかしたら: 어쩌면, 혹시.

　　　 (=もしかすると、もしかして、ひょっとすると)

❶ 遅いね。もしかしたら事故にでもあったんじゃない。

늦네. 어쩌면 사고라도 난 거 아니야?

❷ もしかしたら彼は二度と国へ帰らないかもしれない。

어쩌면 그는 두 번 다시 고향에 돌아가지 않을지도 몰라.

❸ ひょっとすると今度のテストで一位になるかも。

어쩌면 이번 시험에서 일등할지도(모르겠네).

3. あまりに(も)~ので: 너무나도 ~이므로.

❶ あまりにもさびしいので、一人でお酒でも飲みにいこうかと思っていたところです。

너무나도 쓸쓸해서 혼자 술이라도 마시러 갈까하고 생각하고 있던 참입니다.

❷ 母の小言があまりにうるさかったので、部屋の掃除をせざるを得なかったんです。

엄마 잔소리가 너무나도 시끄러워서 방 청소를 하지 않을 수 없었다.

❸ ゆったりしたシャツが好きだが、これはあまりにも大きすぎる。

품이 넉넉한 셔츠를 좋아하지만 이건 너무나도 커.

4. こそ~ものの: ~는 ~이기는 하지만.(＝こそ~が)
「~けれども、~ても」의 뜻을 역설적으로 강조하는 표현법.

❶ 苦労こそあるものの、やはり子育ては楽しいものです。

고생이기는 하지만 역시 아이를 키우는 건 즐거운 거예요.

❷ このくつはデザインこそ古いが、とても歩きやすい。

이 구두는 디자인은 낡았지만 정말 걷기 편하다.

❸ あの学生は宿題こそきちんと提出するけれども、試験をしてみると何も分かっ
ていないことが分かる。

그 학생은 숙제는 꼬박꼬박 제출하지만 시험을 치르게 해 보면 아무것도 모르고
있다는 것을 알 수 있다.

❶ 雨が降ってきましたが、どうしますか。行きますか、それとも延期しますか。
비가 내리는데 어떻게 할래요? 갈까요, 아니면 연기할까요?

❷ 就職しようか、それとも進学しようかと迷っている。
취직할지, 아니면 진학할지 망설이고 있다.

❸ A: コーヒー、それとも紅茶。
커피? 아님 홍차?

B: どちらでもけっこうです。
어느 쪽도 좋아요.

저자 약력

이용미 李龍美

학력

한국외국어대학교 일본어과 및 동대학원 일어일문학과 졸업(석사)

일본 추오대학(中央大学) 대학원 국문과 박사 과정 졸업(박사)

경력

한국외국어 대학교 및 고려대학교 강사

한국외국어대학교 일본연구소 연구원

현, 명지전문대학 일본어과 교수

저역서

『일본어통번역연습』 태광서림(2006)

『일본인의 삶과 종교(공저)』 제이앤씨(2007)

『그로테스크로 읽는 일본문화(공저)』 책세상(2008)

『오토기소시슈(お伽草子集)』 제이앤씨(2010) 등

문형으로 익히는
일본어 고급문장 독해

초판인쇄 2011년 2월 21일
초판발행 2011년 2월 28일

저   자 이용미
발 행 인 윤석현
발 행 처 제이앤씨
등   록 제7-220호

주   소 132-040 서울시 도봉구 창동 624-1 북한산 현대홈시티 102-1206
전   화 (02) 992-3253(代)
전   송 (02) 991-1285
전자우편 jncbook@hanmail.net
홈페이지 http://www.jncbms.co.kr
책임편집 김진화

ⓒ 이용미 2011 All rights reserved. Printed in KOREA

＊이 책의 내용을 사전 허가없이 전재하거나 복제할 경우 법적인 제재를 받게 됨을 알려 드립니다.
＊잘못된 책은 구입하신 서점이나 본사에서 교환해 드립니다.

ISBN 978-89-5668-842-8 13730   정가 10,000원